1,000 PALABRAS
CLAVE EN INGLES
PARA LA CIUDADANÍA AMERICANA

El primer Audio Diccionario para aprender
el inglés que más se usa en Estados Unidos

Ordenadas por importancia y frecuencia de uso

Dame tu opinión sobre este libro
y recibirás gratis

UN CURSO DE PRONUNCIACIÓN
PARA TU TELÉFONO

Envia un whats app con tu nombre a:
+1 (305) 310-1222

Apúntate gratis en **www.mariagarcia.us**

O escríbeme con tu nombre y dirección a:
MARIA GARCÍA. LIBRO AMIGO.
P.O. BOX 45-4402
MIAMI, FL 33245-4402

1000 palabras clave en inglés, de la Teacher de Inglés

© Dreamstime.com de todas las fotografías de interiores.
Diseño Gráfico: Marina García y Griselda Muñiz

Tercera edición: Febrero de 2018
D.R. © 2015, Derechos reservados
de la presente edición en lengua castellana:
American Book Group

ISBN: 978-1-681650-26-5

ÍNDICE

INTRODUCCIÓN   5

AUDIODICCIONARIO de LA TEACHER DE INGLÉS
Las 1,000 palabras más frecuentes en inglés,
ordenadas por importancia y frecuencia de uso   7

TEST DE VOCABULARIO autocorregidos   29

DICCIONARIO ESENCIAL ILUSTRADO
INGLÉS / ESPAÑOL   41

DICCIONARIO ESENCIAL ILUSTRADO
ESPAÑOL / INGLÉS   143

APÉNDICE   243
Días de la semana
Estaciones del año
Meses del año
Números
Verbos Irregulares
Verbos con partículas
Pesos y Medidas

RESPUESTAS A LOS TESTS DE VOCABULARIO   254

MAPA CON DIVISION POLITICA DE EEUU   255

INTRODUCCIÓN

¡Hola!

Tienes en tus manos un completo **Diccionario Esencial Ilustrado** Inglés-Español y Español-Inglés con 2,500 entradas, su traducción al otro idioma y su pronunciación en inglés. Las páginas están diseñadas de forma muy atractiva, presentando ¡más de 700 ilustraciones en total!

Hemos preparado para ti una sección especial que lista las 1,000 palabras clave por orden de importancia y frecuencia de uso en Estados Unidos. De este modo, podrás saber la importancia de cada palabra y a cuáles debes prestar más atención para optimizar de este modo el tiempo dedicado al estudio del inglés americano. ¡Reducirás el tiempo de aprendizaje y concentrarás tu esfuerzo en lo más importante!

El **AudioDiccionario de la Teacher de Inglés** es el primer AudioDiccionario de Inglés Americano que se presenta en un doble formato: el tradicional diccionario más un apoyo en audio de cómo se pronuncian correctamente las 1,000 palabras más usadas en inglés.

El audio para escuchar cómo se pronuncian correctamente las 1,000 palabras más usadas lo encontrarás en **www.MariaGarcia.us**

¡Esperamos que disfrutes mucho aprendiendo con nosotros!

Con cariño,

María García

La Teacher de Inglés

1,000 PALABRAS CLAVE en INGLÉS
El primer Audio Diccionario para aprender el inglés que más se USA en Estados Unidos

Ordenadas por importancia y frecuencia de uso

Palabras Clave 1 a 100

A (e). Un, una.

Address (ǽdres). Dirección

Age (eish). Edad

All (a:l). Todos

And (end). Y

Are (a:r). Son, están

Back (bæk). Atrás, espalda

Be (bi:). Ser, estar

Because (bico:s). Porque

Big (big). Grande

But (bat). Pero

Can (kæn). Poder

Car (ka:r). Automóvil

Country (kántri). País

Did (did). Pasado simple del verbo hacer

Do (du:). Hacer

Drive (dráiv). Conducir

Eat (i:t). Comer

English (inglish). Inglés

Far (fa:r). Lejos

Food (fud). Comida

For (fo:r). Para

From (fra:m). De, desde

Get (get). Conseguir

Go (góu). Ir

Good (gud). Bueno

Have (jæv). Tener

He (ji:). Él

Here (jir). Aquí, acá

His (jiz). Su (de él)

Home (jóum). Hogar

Hour (áur). Hora

How (jáu). ¿Cómo?

I (ái). Yo

In (in). En

Is (is). Es

It (it). Lo

Job (sha:b). Trabajo

Like (láik). Gustar

Look (luk). Mirar

Mail (méil). Correo

Make (méik). Hacer

Man (mæn). Hombre

Many (mǽni). Muchos

Me (mi:). Me, a mí

Mile (máil). Milla

Money (máni). Dinero

More (mo:r). Más

Much (ma:ch). Mucho

My (mái). Mi

Need (ni:d). Necesitar

Never (néve:r). Nunca

New (nu:). Nuevo

No (nou). No

Not (not). No

Number (namber). Número

Of (ev). De

Old (óuld). Viejo

One (wan). Uno

Open (óupen). Abrir

Or (o:r). O

Other (á:de:r). Otro

Out (áut). Afuera

Put (put). Poner

Same (seim). Mismo

Say (séi). Decir

See (si:). Ver

She (shi:). Ella

Some (sæm). Algunos

Soon (su:n). Pronto

Street (stri:t). Calle

That (dæt). Esa, ese, eso, aquella, aquel, aquello

The (de). El, la, las, los

There (der). Allá, allí

They (déi). Ellos/as

This (dis). Esta/este/esto

Time (táim). Tiempo

To (tu:). A

Today (tudei). Hoy

Two (tu:). Dos

Understand (anderstænd). Entender

Up (ap). Arriba

Use (iu:s). Usar

Very (véri). Muy

Wait (wéit). Esperar

Want (wa:nt). Querer

Was (wos). Era, fue

We (wi:). Nosotros

Well (wel). Bien

What (wa:t). ¿Qué?

When (wen). ¿Cuándo?

Why (wái). ¿Por qué?

Will (wil). Auxiliar para el futuro

With (wid). Con

Woman (wumen). Mujer

Word (word). Palabra

Write (ráit). Escribir

Yes (yes). Sí

You (yu:).Tú, usted, ustedes

Your (yo:r). Tu; su; de usted, de ustedes

Palabras Clave 101 a 200

About (ebáut). Acerca de

After (æfte:r). Después

Ago (egóu). Atrás

Always (a:lweiz). Siempre

An (en). Un, una

Bad (bæd). Malo

Bag (bæg). Bolso, bolsa

Before (bifo:r). Antes

Begin (bigín). Comenzar

Below (bilóu). Debajo de

Better (bérer). Mejor

Between (bitwí:n). Entre

Bottom (bá:rem). Parte inferior

Bye (bái). Adiós

Cheap (chi:p). Barato

Clean (kli:n). Limpiar

Coin (kóin). Moneda

Collect (kelékt). Cobrar

Color (kále:r). Color

Come (kam). Venir

Complete (kemplí:t). Completar

Cook (kuk). Cocinar

Cost (ka:st). Costar

Credit (krédit). Crédito

Customer (kásteme:r). Cliente

Customs (kástems). Aduana

Cut (kat). Cortar

Day (déi). Día

Directions (dairékshen). Instrucciones

Doctor (dá:kte:r). Doctor

Does (dáz). Auxiliar del presente simple

Dollar (dá:le:r). Dólar

Down (dáun). Abajo

Drink (drink). Beber

Early (érli). Temprano

Easy (í:zi). Fácil

End (end). Fin

Enough (ináf). Suficiente

Enter (éne:r). Ingresar

Exit (éksit). Salida

Expensive (ikspénsiv). Caro

Fine (fáin). Bien

Friend (frend). Amigo

Go on (góu a:n). Ocurrir

Go out (góu áut). Salir

Great (gréit). Fantástico

Happy (jæpi). Feliz

Hello (jelóu). Hola

Help (jelp). Ayudar

Hi (jái). Hola

House (jáuz). Casa

I.D.card (ái di: ka:rd). Documento de identidad

Immigration (imigréishen). Inmigración

Just (sha:st). Recién

Know (nóu). Saber

Lawyer (la:ye:r). Abogado

Live (liv). Vivir

Mailman (méilmen). Cartero

Main (méin). Principal

Manager (mænishe:r). Gerente

Market (má:rket). Mercado

Mean (mi:n). Significar

Men(men). Hombres

Must (mast). Deber, estar obligado a

Name (néim). Nombre

Near (nir). Cerca

Nice (náis). Agradable

Nothing (názing). Nada

O.K. (óu kéi). De acuerdo

On (a:n). Sobre

Pay (péi). Pagar

Price (práis). Precio

Question (kuéschen). Pregunta

Read (ri:d). Leer

Ready (rédi). Listo

Right (ráit). Derecha

Second (sékend). Segundo

Sell (sel). Vender

Send (sénd). Enviar

Shut (shat). Cerrar

Sign (sáin). Firmar

So (sóu). Por lo tanto

Sold (sóuld). Vendido

Somebody (sámba:di). Alguien

Something (sámzing). Algo

Speak (spi:k). Hablar

Start (sta:rt). Comenzar

Stop (sta:p). Parar

Take (téik). Tomar

Talk (ta:k). Conversar

Then (den). Entonces

Thing (zing). Cosa

Water (wá:re:r). Agua

Way (wéi). Camino

Where (wer). ¿Dónde?

Which (wích). ¿Cuál ?

Who (ju:). ¿Quién?

Without (widáut). Sin

Work (we:rk). Trabajar

Work permit (we:rk pé:rmit). Permiso de trabajo

Palabras Clave 201 a 300

Across (ekrá:s). A través, en frente de

Afternoon (æfte:rnu:n). Tarde

Again (egén). Otra vez

Agreement (egrí:ment). Acuerdo

Airport (érport). Aeropuerto

Amount (emáunt). Cantidad

Answer (ænser). Contestar

Apartment (apa:rtment). Apartamento

Application form (æplikéishen fo:rm). Forma de solicitud

Apply (eplái). Postularse

Around (eráund). Alrededor

As (ez). Como

Ask (æsk). Preguntar

Attorney (eté:rnei). Abogado

Authority (ezo:riti). Autoridad

Average (æverish). Promedio

Bank (bænk). Banco

Behind (bijáind). Detrás

Border (bo:rde:r). Frontera

Bottle (ba:rl). Botella

Box (ba:ks). Caja

Break (bréik). Romper

Bring (bring). Traer

Building (bílding). Edificio

Burn (be:rn). Quemar

Can (kæn). Poder

Cash (kæsh). Dinero en efectivo

Change (chéinsh). Cambiar

Check (chek). Cheque

Coffee (ka:fi). Café

Cold (kóuld). Frío

Come from (kam fra:m) Venir de

Construction worker (kenstrákshen we:rke:r). Obrero de la construcción

Contractor (kentræ:kte:r). Contratista

Count (káunt). Contar

Country code (kántri kóud). Código de país

Crime (kráim). Delito

Deliver (dilíve:r). Enviar

Dial (dáiel). Discar

Difference (díferens). Diferencia

Difficult (dífikelt). Difícil

Dirty (déri). Sucio

Driver license (dráiver láisens). Licencia de conductor

Employee (imploií:). Empleado

Employer (implóie:r). Empleador

Experience (íkspíriens). Experiencia

Family (fæmeli). Familia

Feel (fi:l). Sentir

First (fe:rst). Primero

Follow (fá:lou). Seguir

Free (fri:). Libre

Hand (jænd). Mano

Hard (ja:rd). Difícil

Head (jed). Cabeza

High (jái). Alto

Hope (jóup). Esperanza

Hot (ja:t). Caliente

Important (impó:rtent). Importante

Information (infe:rméishen). Información

Insurance (inshó:rens). Seguro

Interest (íntrest). Interés

Key (ki:). Llave

Last (læst). Último

Learn (le:rn). Aprender

Leave (li:v). Partir

Little (lírel). Pequeño

Long (lan:g). Largo

Low (lóu). Bajo

Mad (mæd). Furioso

Meaning (mi:ning). Significado

Next (nékst). Próximo

Night (náit). Noche

Often (á:ften). A menudo

People (pí:pel). Gente

Person (pé:rsen). Persona

Phone (fóun). Teléfono

Prepaid (pripéd). Prepaga

Purchase (paercheis). Adquirir

Rate (réit). Tarifa

Rent (rent). Alquilar

Return (rité:rn). Devolver

Road (róud). Camino

Save (séiv). Ahorrar

Should (shud). Deber (para dar consejos)

Sick (sik). Enfermo

Since (sins). Desde

Spend (spénd). Gastar

Still (stil). Aún

Teach (ti:ch). Enseñar

Tell (tel). Decir

Think (zink). Pensar

Three (zri:). Tres

Tip (tip). Propina

Tomorrow (temórou). Mañana

Tonight (tenáit). Esta noche

Too (tu:). También

True (tru:). Verdadero

Under (ánde:r). Debajo

Yesterday (yésterdei). Ayer

Yet (yet). Todavía

Palabras Clave 301 a 400

Able (éibel). Capaz

Above (ebáv). Arriba de

Accept (eksépt). Aceptar

Agree (egrí:). Estar de acuerdo

Also (á:lsou). También

Anybody (éniba:di). Alguien

Anyone (éniwan). Alguien

Anything (énizing). Algo

Ask for (æsk fo:r). Pedir

At (æt). A, en

ATM (ei. ti: em). Cajero automático

Avenue (ævenu:). Avenida

Block (bla:k). Cuadra

Both (bóuz). Ambos

Buy (bái). Comprar

Care (ker). Cuidado

Catch (kæch). Atrapar

Citizen (sírisen). Ciudadano

City (síri). Ciudad

Come back (kam bæk). Regresar

Come in (kam in). Entrar

Come on (kam a:n). Pedirle a alguien que se apure

Credit card (krédit ka:rd). Tarjeta de crédito

Debit card (débit ka:rd). Tarjeta de débito

Deliver (dilíve:r). Enviar

Die (dái). Morir

Discussion (diskáshen). Conversación

Dry (drái). Seco

Education (eshekéishen). Educación

Elevator (éleveire:r). Ascensor

Evening (í:vning). Final de tarde. Noche

Find (fáind). Encontrar

Four (fo:r). Cuatro

Gas (gæs). Gasolina

Inch (inch). Pulgada

Keep away (ki:p ewái). Mantenerse alejado

Last name (læst néim). Apellido

Late (léit). Tarde

Left (left). Izquierda

Listen (lísen). Escuchar

Look for (luk fo:r). Buscar

Lose (lu:z). Perder

Necessary (néseseri). Necesario

Only (óunli). Solamente

Outside (autsáid). Afuera

Over (óuve:r). Por encima

Pen (pen). Bolígrafo

Perfect (pé:rfekt). Perfecto

Place (pléis). Lugar

Pull (pul). Tire

Push (push). Empujar

Quick (kuík). Rápido

Really (ríeli). Realmente

Receive (risí:v). Recibir

Requirement (rikuáirment). Requisito

Resident (rézident). Residente

Run (ran). Correr

Run away (ran ewéi). Escapar

Safe (séif). Seguro

School (sku:l). Escuela

Seem (si:m). Parecer

Show (shóu). Mostrar

Sit (sit). Sentarse

Slow down (slóu dáun). Disminuir la marcha.

Small (sma:l). Pequeño

Smoke (smóuk). Fumar

Soda (sóude). Refresco

Someone (sámuen). Alguien

Sometimes (sámtaimz). A veces

Sound (sáund). Sonar

Speed (spi:d). Velocidad

Speed up (spi:d ap). Acelerar

Spell (spel). Deletrear

Station (stéishen). Estación

Store (sto:r). Tienda

Supermarket (su:pe:rmá:rket). Supermercado

Telephone (télefóun). Teléfono

Temperature (témpriche:r). Temperatura

There are (der a:r). Hay (pl.)

There is (der iz). Hay (sing.)

Through (zru:). A través

Times (táimz). Veces

Toilet (tóilet). Inodoro

Try (trái). Tratar

Twice (tuáis). Dos veces

Us (as). A nosotros

Walk (wa:k). Caminar

Wall (wa:l). Pared

Weather (wéde:r). Tiempo

Week (wi:k). Semana

Weekend (wí:kend). Fin de semana

Welcome (wélcam). Bienvenido

While (wáil). Mientras

Whole (jóul). Entero

Whose (ju:z). ¿De quién?

Worry (wé:ri). Preocuparse

Would (wud). Auxiliar para ofrecer o invitar

Wrong (ra:ng). Equivocado

Year (yir). Año

Zero (zí:rou). Cero

Palabras Clave 401 a 500

Actually (ǽkchueli). En realidad

Agency (éishensi). Agencia

Air (er). Aire

Area Code (érie kóud). Código de área

Arrival (eráivel). Llegada

Arrive (eráiv). Llegar

Attack (etǽk). Ataque

Aunt (ænt). Tía

Bakery (béikeri). Panadería

Beer (bir). Cerveza

Birthday (bérzdei). Cumpleaños

Blue (blu:). Azul

Call (ka:l). Llamar

Carry (kéri). Transportar

Cashier (kæshír). Cajero

Ceiling (síling). Techo

Chance (chæns). Oportunidad

Citizenship (sírisenship). Ciudadanía

Clear (klíe:r). Aclarar

Closet (klóuset). Ropero

Comfortable (kámfe:rtebel). Cómodo

Company (kámpeni). Compañía

Computer (kempyú:re:r). Computadora

Counselor (káunsele:r). Asesor

Counter (káunte:r). Mostrador

Culture (ké:lche:r). Cultura

Debt (dét). Deuda

Destination (destinéishen). Destino

Dining room (dáining ru:m). Comedor

Dish (dish). Plato

Distance (dístens). Distancia

Downtown (dáuntaun). Centro de la ciudad

Driver (dráive:r). Conductor

Drugstore (drágsto:r). Farmacia

Egg (eg). Huevo

Eight (éit). Ocho

Electrician (elektríshen) Electricista

Engine (énshin). Motor

Expert (ékspe:rt). Experto

Farmer (fá:rme:r). Granjero

Feet (fi:t). Pies

Fight (fáit). Luchar

Fire (fáir). Fuego

Five (fáiv). Cinco

Foreign (fó:ren). Extranjero

Forget (fegét). Olvidar

Gas station (gæs stéishen). Gasolinera

Half (ja:f). Medio

Hear (jier). Oir

Highway (jáiwei). Autopista

Holiday (já:lidei). Vacaciones

Hotel (joutél). Hotel

Hundred (já:ndred). Cien

Ice (áis). Hielo

Kitchen (kíchen). Cocina

Large (la:rsh). Grande

Light (láit). Luz

Lost (lost). Perdido

Meet (mi:t). Conocer a alguien

Move (mu:v). Mover

Once (uáns). Una vez

Opportunity (epertú:neri). Oportunidad

Our (áuer). Nuestro

Paper (péipe:r). Papel

Passport (pæspo:rt). Pasaporte

Permit (pé:rmit). Permiso

Phone card. (fóun ka:rd). Tarjeta telefónica.

Post office (póust á:fis). Oficina de correos

Profession (preféshen). Profesión

Quite (kuáit). Bastante

Relation (riléishen). Relación

Relationship (riléishenship) Relación

Remember (rimémbe:r). Recordar

Repeat (ripí:t). Repetir

Salesperson (séilspe:rsen). Vendedor

Set up (set ap). Establecer

Sir (se:r). Señor

Sleep (sli:p). Dormir

Smell (smel). Oler

Stair (stér). Escalera

Stamp (stæmp). Estampilla

Stop by (sta:p bái). Visitar por un corto período

Straight (stréit). Derecho

Subway (sábwei). Subterráneo

Sweat (swet). Transpirar

Thousand (záunsend). Mil

Throw (zróu). Lanzar

Throw away (zróu ewéi). Tirar a la basura

Tool (tu:l). Herramienta.

Train (tréin). Tren

Truck (trak). Camión

Trunk (tránk). Maletero

Turnpike (té:rnpaik). Autopista con peaje

Usually (yu:shueli). Usualmente

Vacation (veikéishen). Vacación

Waist (wéist). Cintura

Warm (wa:rm). Cálido

Window (wíndou). Ventana

World (we:rld). Mundo

Worse (we:rs). Peor

Palabras Clave 501 a 600

Approval (eprú:vel). Aprobación

Argument (a:rgiument). Discusión

Assistant (esístent). Asistente

Awful (á:fel). Feo, horrible

Baby sitter (béibi síre:r). Niñera

Bake (béik). Hornear

Balcony (bælkeni). Balcón

Ball (ba:l). Pelota

Bathroom (bæzrum) Cuarto de baño

Battery (bæreri). Batería

Beautiful (biú:rifel). Hermoso

Bed (bed). Cama

Bedroom (bédrum). Dormitorio

Behavior (bijéivye:r). Comportamiento

Brother (bráde:r). Hermano

Brown (bráun). Marrón

Calm (ka:lm). Calmar

Car dealer (ka:r di:le:r). Vendedor de autos

Carpet (ká:rpet). Alfombra

Casual (kæshuel). Informal

Child (cháild). Niño

Children (chíldren). Hijos

Copy (ká:pi). Copiar

Cousin (kázen). Primo

Danger (déinshe:r). Peligro

Dark (da:rk). Oscuro

Daughter (dá:re:r). Hija

Development (divélopment). Desarrollo

Door (do:r). Puerta

Engineer (enshinír). Ingeniero

Enjoy (inshói). Disfrutar

Ever (éve:r). Alguna vez

Example (igzæmpel). Ejemplo

Explain (ikspléin). Explicar

Fat (fæt). Grasa

Father (fá:de:r). Padre

Favorite (féivrit). Favorito

Feed (fi:d). Alimentar

Furniture (fé:rnicher). Muebles

Gardener (gá:rdene:r). Jardinero

Girl (ge:rl). Muchacha

Girlfriend (gé:rlfrend). Novia

Grandfather (grændfá:de:r) Abuelo

Grass (græs). Césped

Hairdresser (jerdrése:r). Peluquero

Hard-working (já:rdwe:rking). Trabajador

Hate (jéit). Odiar

Him (jim). Lo,le a él

Housekeeper (jáuz ki:pe:r). Ama de llaves

Hurt (he:rt). Doler

Husband (jázbend). Esposo

Interview (ínner:viu:). Entrevista

Labor (léibe:r). Laboral

Land (lænd). Tierra

Law (la:). Ley

Mechanic (mekænik). Mecánico

Mine (máin). Mío/a

Miss (mis). Señorita

Mother (máde:r).madre

Nanny (næni). Niñera

Nurse (ners).Enfermera

Offer (á:fe:r). Oferta

Office (á:fis). Oficina

Paint (péint). Pintar

Parents (pérents). Padres

Rain (réin). Lluvia

Rest (rest). Descansar

Résumé (résyu:mei) Currículum vitae

Roof (ru:f). Techo

Room (ru:m). Habitación

Screw (skru:). Atornillar

Screw driver (skru: dráive:r). Destornillador

Screw up (skru: ap). Arruinar

Seat (si:t). Asiento

Serve (se:rv). Servir

Shelf (shelf). Estante

Sister (síste:r). Hermana

Six (síks). Seis

Skill (skil). Habilidad

Social Security (sóushel sekiurity). Seguro social

Son (san). Hijo

Stool (stu:l). Banqueta

Stove (stóuv). Cocina

Sweep (swi:p). Barrer

Table (téibel). Mesa

Technician (tekníshen). Técnico

Tire (táie:r). Goma

Uncle (ánkel). Tío

Union (yú:nien). Sindicato

Vacuum (vækyú:m) Pasar la aspiradora

Veterinarian (vete:riné:rian). Veterinario

Waiter (wéire:r). Mesero

Waitress (wéitres). Mesera

Wash (wa:sh). Lavar

Waste (wéist). Malgastar dinero

Watch (wa:ch). Mirar

Wheel (wi:l). Rueda

Wife (wáif). Esposa

Wind (wind). Viento

Wood (wud). Madera

Palabras Clave
601 a 700

Account (ekáunt). Cuenta

Add (æd). Agregar

Advice(edváis). Consejo

Apologize (epá:leshaiz). Disculparse

Attention (eténshen). Atención

Balance (bælens). Saldo

Bankrupt (bænkrept). Bancarrota

Basement (béisment). Sótano

Black (blæk). Negro

Blind (bláind). Ciego

Blond (bla:nd). Rubio

Blow (blóu). Soplar

Borrow (bárau). Pedir prestado

Boyfriend (bóifrend). Novio

Buddy (bári). Amigo

Certificate (se:rtífiket). Certificado

Chest (chest). Pecho

Chicken (chíken). Pollo

Could (kud). Podría

Damage (dæmish). Daño

Dangerous (déinsheres). Peligroso

Deposit (dipá:zit). Depósito

Dictionary (díksheneri) Diccionario

Dime (dáim). Diez centavos de dólar

Disappointed (disepóinted). Desilusionado

Down payment (dáun péiment). Anticipo

During (during). Durante

Error (é:re:r). Error

Every day (évri déi). Todos los días

Everything (évrizing). Todo

Excellent (ékselent). Excelente

Floor (flo:r). Piso

Front (fra:nt). Frente

Fun (fan). Diversión

Get up (get ap). Levantarse de la cama

Give back (giv bæk). Devolver

Glass (glæs). Vidrio

Glasses (glæsiz). Anteojos

Go through (góu zru:). Revisar

Gray (gréi). Gris

Green (gri:n). Verde

Her (je:r). Su (de ella)

Imagine (imæshin). Imaginar

Improve (imprú:v). Mejorar

Increase (inkrí:s). Aumentar

Installment (instá:lment). Cuota

Interest rate (íntrest réit). Tasa de interés

Interesting (íntresting). Interesante

Invite (inváit). Invitar

Kick (kik). Patear

Kid (kid). Niño, chico

Language (længuish). Idioma

Line (láin). Fila

Mess (mes). Desorden

Money order (máni ó:rde:r). Giro postal

Month (mánz). Mes

Mouth (máuz). Boca

News (nu:z). Noticias

Nickel (níkel). Cinco centavos de dólar

Noise (nóiz). Ruido

Official (efíshel). Oficial

Package (pækish). Paquete

Penny (péni). Un centavo de dólar

Pick up (pik ap). Recoger

Prescription (preskrípshen). Receta médica

Problem (prá:blem). Problema

Quarter (kuá:re:r). Veinticinco centavos de dólar

Rare (rer). Cocción jugosa

Remind (rimáind). Hacer acordar

Reschedule (riskéshu:l). Reprogramar

Scissors (sí:ze:rs). Tijera

Season (sí:zen). Temporada

Separate (sépe:reit). Separar

Seven (séven). Siete

Shake hands (shéik jændz). Dar la mano

Ship (ship). Barco

Shipment (shipment). Envío

Smart (sma:rt). Inteligente

Snow (snóu). Nieve

Space (spéis). Espacio

Spring (spring). Primavera

Stomach (stá:mek). Estómago

Student (stú:dent). Estudiante

Study (stádi). Estudiar

Stuff (staf). Cosas por el estilo

Summer (sáme:r). Verano

Sun (sán). Sol

Tax (tæks). Impuesto

Their (der). Su (de ellos/as)

Them (dem). Les, las, los, a ellos/as

These (di:z). Estas/estos

Those (dóuz). Esas/os, aquellas/os

Transaction (trensækshen). Transacción

Transfer (trænsfe:r). Transferir

Travel (trævel). Viajar

Trip (trip). Viaje

Winter (wíne:r). Invierno

Wire (wáir). Alambre

Withdraw (widdra:). Retirar dinero

Yellow (yélou). Amarillo

Palabras Clave
701 a 800

A. M. (éi em). Antes del mediodía

Amazed (eméizd). Sorprendido

Basket (bæsket). Canasta

Bicycle (báisikel). Bicicleta

Bill (bil). Billete

Boat (bóut). Bote

Boil (boil). Hervir

Book (buk). Libro

Boot (bu:t). Bota

Brake (bréik). Freno

Bread (bred). Pan

Cab (kæb). Taxi

Cheese (chi :z). Queso

Classified ad (klæsifaid æd). Aviso clasificado

Clothes (klóudz). Ropa

Coat (kóut). Abrigo

Commercial (kemé:rshel). Aviso publicitario

Condition (kendíshen). Condición

Couch (káuch). Sillón

Depend (dipénd). Depender

Desk (désk). Escritorio

Dessert. (dizé:rt). Postre

Detail (díteil). Detalle

Doubt (dáut). Duda

Dress (dres). Vestido

Entertainment (ene:rtéinment). Entretenimiento

Fall (fa:l). Caída

Fashion (fæshen). Moda

Field (fi:ld). Campo

Fill (fil). Llenar

Flight (fláit). Vuelo

Fork (fo:rk). Tenedor

Frozen (fróuzen). Congelado

Fruit (fru:t). Fruta

Fry (frái). Freír

Give back (giv bæk). Devolver

Give up (giv ap) Darse por vencido

Groceries (gróuseri:z). Productos de almacén

Group (gru:p). Grupo

Grow (gróu). Crecer

Guess (ges). Suponer

Hole (jóul). Agujero

Homemade (jóumméid). Casero

Idea (aidíe). Idea

Introduce (intredu:s). Presentar

Iron (áiren). Hierro

Join (shoin). Unirse

Joke (shóuk). Chiste, broma

Lane (léin). Carril de una autopista

Less (les). Menos

Level (lével). Nivel

Match (mæch). Partido

Meal (mi:l). Comida

Meeting (mí:ting). Reunión

Menu. (ményu:). Menú

Mix (miks). Mezclar

Movement (mu:vment). Movimiento

Morning (mo:rning). Mañana

Nose (nóuz). Nariz

O'clock (eklá:k). En punto

On sale (a:n séil). En liquidación.

Order (á:rde:r). Ordenar

P. M (pi: em). Después del mediodía

Pair (per). Par

Park (pa:rk). Parque

Picture (píkche:r). Foto

Plane (pléin). Avión

Police (pelí:s). Policía

Pound (páund). Libra

Powerful (páue:rfel). Poderoso

Prefer (prifé:r). Preferir

Priority (praió:reri). Prioridad

Reduce (ridú:s). Reducir

Refund (rífand). Reembolso

Reliable (riláiebel). Confiable

Responsible (rispá:nsibel). Responsable

Restaurant (résteren). Restaurante

Retire (ritáir). Jubilarse

Review (riviú:). Revisión

Sad (sæd). Triste

Salt (sa:lt). Sal

Scratch (skræch). Rascar

Square(skwér). Cuadrado

Stay (stéi). Quedarse

Steal (sti:l). Robar

Stranger (stréinshe:r). Desconocido

Style (stáil). Estilo

Sunglasses (sánglæsiz). Anteojos de sol

Swallow (swálou). Tragar

Swim (swim). Nadar

Tall (ta:l). Alto

Toll (tóul). Peaje

Traffic (træfik). Tránsito

Traffic light (træfik láit). Semáforo

Traffic sign (træfik sáin). Señal de tránsito

Turn (te:rn). Doblar

Turn off (te:rn a:f). Apagar

Turn on (te:rn a:n). Encender

Voice(vóis). Voz

Yield (yild). Ceder el paso

**Palabras Clave
801 a 900**

Alcohol (ælkeja:l). Alcohol

Antibiotic (æntibaiá:rik). Antibiótico

Apple (æpel). Manzana

Arm (a:rm). Brazo

Attend (eténd). Concurrir

Belt (belt). Cinturón

Blood (bla:d). Sangre

Body (ba:dy). Cuerpo

Breath (brez). Aliento

Cable (kéibel). Cable

Chair (che:r). Silla

Christmas (krísmes). Navidad

Clever (kléve:r). Inteligente

Cloud (kláud). Nube

Corner (kó:rne:r). Esquina

Cough (kaf). Toser

Cry (krái). Llorar

Degree (digrí:). Grado

Dentist (déntist). Dentista

Destroy (distrói). Destruir

Destruction (distrákshen). Destrucción

Disease (dizí:z). Enfermedad

Dizzy (dízi). Mareado

Double (dábel). Doble

Dream (dri:m). Soñar

Dust (dást). Polvo

Ear (ir). Oreja

Earth (érz). Tierra

Effect (ifékt). Efecto

Eye (ái). Ojo

Face (féis). Cara

Fasten (fæsen). Ajustarse

Feeling (fi:ling). Sentimiento

Fever (five:r). Fiebre

Final (fáinel). Final

Finger (fínge:r). Dedo de la mano

Fireman (fáirmen). Bombero

Fish (fish). Pez

Flu (flu:). Gripe

Foot (fut). Pie

Frightened (fráitend). Asustado

Grow up (gróu ap). Criarse

Guide (gáid). Guía

Guy (gái). Chicos/chicas, gente

Hair (jér). Pelo

Hang (jæng). Colgar

Headache (jédeik). Dolor de cabeza

Health (jélz). Salud

Homesick (jóumsik). Nostalgioso

Immediate (imí:diet). Inmediato

Incredible (inkrédibel). Increíble

Knock (na:k). Golpear repetidamente

Lie (lái). Mentir

Liquid (líkwid). Liquido

Loan (lóun). Préstamo

Luck (lak). Suerte

Married (mérid). Casado

Medicine (médisen). Medicina

Message (mésish). Mensaje

Million (mílien). Millón

Nation (néishen). Nación

Neck (nek). Cuello

Newspaper (nu:spéiper). Diario

Nonresident (na:nrézident). No residente

Oil (óil). Aceite

Pack (pæk). Paquete

Pants (pænts). Pantalones largos

Parking lot (pa:rking lot). Parqueo

Patient (péishent). Paciente

Pharmacist (fá:rmesist). Farmacéutico

Play (pléi). Jugar

Proud (práud). Orgulloso

Red (red). Rojo

Rice (ráis). Arroz

Salad (sæled). Ensalada

Selfish (sélfish). Egoísta

Sensible (sénsibel). Sensato

Sensitive (sénsitiv). Sensible

Short (sho:rt). Corto

Skirt (ske:rt). Falda

Soap (sóup). Jabón

Socks (sa:ks). Calcetines

Sore (so:r). Dolorido

State (stéit). Estado

Suffer (sáfe:r). Sufrir

Sugar (shúge:r). Azúcar

Suitcase (sú:tkeis). Maleta

Sweet (swi:t). Dulce

Throat (zróut). Garganta

Tired (taie:rd). Cansado

Tomato (teméirou). Tomate

Tooth (tu:z). Diente

Upset (apsét). Disgustado

Vegetables (véshetebels). Verduras

Visit (vízit). Visitar

Weight (wéit). Peso

Well done (wel dan). Bien cocida

Wet (wet). Húmedo

Wine (wáin). Vino

Young (ya:ng). Joven

Palabras Clave 901 a 1000

Angry (ængri). Enojado

Background (bækgraund). Antecedentes

Case (kéis). Caso

Court (ko:rt). Corte

Cover (ká:ve:r). Cubrir

Cup (káp). Taza

Date (déit). Fecha

Death (déz). Muerte

Decision (disíshen). Decisión

Draw (dra:w). Dibujar

Drop (dra:p). Hacer caer

Envelope (énveloup). Sobre

Environment (inváirenment). Medio ambiente

Fit (fit). Quedar bien (una prenda)

Flower (flaue:r). Flor

Force (fo:rs). Forzar

Game (géim). Juego

Gold (góuld). Oro

Government (gáve:rnment). Gobierno

Guest (gést). Huésped

Homework (jóumwe:k). Tareas del estudiante

Honest (á:nest). Honesto

Illness (ílnes). Enfermedad

Injury (ínsheri). Herida

Judge (shash). Juez

Jump (shamp). Saltar

Justice (shástis). Justicia

Kill (kil). Matar

Kiss (kis). Besar

Knee (ni:). Rodilla

Knife (náif). Cuchillo

Landlord (lændlo:rd). Locador

Laugh (læf). Reír

Leg (leg). Pierna

Legal (lí:gel). Legal

Letter (lére:r). Carta

Love (lav). Amar

Magazine (mægezí:n). Revista

Mass (mæs). Masa

Meat (mi:t). Carne

Microwave oven (máikreweiv óuven). Horno a microondas

Milk (milk). Leche

Mirror (míre:r). Espejo

Model (má:del). Modelo

Movie (mu:vi). Película

Music (myu:zik). Música

Naturalization (næchera:lai-zéishen). Naturalización

Option (á:pshen). Opción

Ounce (áuns). Onza

Party (pá:ri). Fiesta

Pass (pæs). Pasar (atravesar)

Piece (pi:s). Porción

Pillow (pílou). Almohada

Poor (pur). Pobre

Pork (po:rk). Cerdo

Potato (petéirou). Papa

Pretty (príri). Bonito

Prison (prí:sen). Prisión

Recipe (résipi). Receta

Recommend (rekeménd). Recomendar

Relax (rilæks). Descansar

Ring (ring). Anillo

River (ríve:r). Río

Rude (ru:d). Maleducado

Satisfied (særisfáid). Satisfecho

Scale (skéil). Balanza

Sea (si:). Mar

Sheet (shi:t). Hoja de papel

Shine (sháin). Brillar

Shirt (shé:rt). Camisa

Shoe (shu:). Zapato

Shoulder (shóulde:r). Hombro

Shy (shái). Tímido

Sign (sáin). Firmar

Size (sáiz). Talla

Skin (skin). Piel

Sky (skái). Cielo

Soccer (sá:ke:r). Fútbol

Song (sa:ng). Canción

Soup (su:p). Sopa

Special (spéshel). Especial

Sport (spo:rt). Deporte

Steak (stéik). Filete

Suppose (sepóuz). Suponer

Surprise (se:rpráiz). Sorpresa

Swear (swer). Jurar

Sweater (suére:r). Suéter

Taste (téist). Gusto

Ten (ten). Diez

Tennis shoes (ténis shu:z). Zapatos tenis

Thief (zi:f). Ladrón

Thunder (zánde:r). Truenos

Translator (trensléire:r). Traductor

Trespass (trespæs). Entrar ilegalmente

Trial (tráiel). Juicio

T–shirt (ti: shé:rt). Camiseta

Umbrella (ambréle). Paraguas

University (yu:nivé:rsiri). Universidad

Wear (wer). Usar ropa

Widow (wídou). Viuda

TEST DE VOCABULARIO
autocorregido

Marque en cada opción, el significado más adecuado

AUTOTEST para Palabras Clave 1 a 100

Respuestas en la pág. 254

1) **Address**
a Añadir
b Departamento
c Dirección
d Aderezo

6) **Job**
a Ocio
b Trabajo
c Afición
d Religión

2) **Age**
a Ajo
b Edad
c Ajá
d Años

7) **Mail**
a Cartero
b Sobre
c Correo
d Carta

3) **Because**
a Cómo
b Cuánto
c Dónde
d Porque

8) **Old**
a Joven
b Viejo
c Edad
d Maduro

4) **Far**
a Justo
b Lejos
c Gordo
d Así

9) **Same**
a Igual
b Similar
c Parecido
d Familiar

5) **From**
a Desde
b Hacia
c Para
d Por

10) **Understand**
a Debajo
b Significar
c No aguantar
d Entender

Marque en cada opción, el significado más adecuado

AUTOTEST para Palabras Clave 101 a 200

Respuestas en la pág. 254

1) About
a Interés
b Lejano
c Próximo
d Acerca de

2) Before
a Antes
b Después
c Ahora
d Arriba

3) Between
a Detrás
b Delante
c Entre
d Frente

4) Collect
a Recolectar
b Cobrar
c Coleccionar
d Pagar

5) Customer
a Agente
b Proveedor
c Cliente
d Obligado

6) Enough
a Suficiente
b Insuficiente
c Demasiado
d Poco

7) Go out
a Entregar
b Acompañar
c Entrar
d Salir

8) Mean
a Significar
b Ayudar
c Motivar
d Estimular

9) Send
a Recibir
b Enviar
c Entregar
d Aportar

10) Something
a Alguien
b Alguno
c Algo
d Algún día

Marque en cada opción, el significado más adecuado

AUTOTEST para Palabras Clave 201 a 300

Respuestas en la pág. 254

1)
Afternoon
a Mañana
b Tarde
c Noche
d Ayer

2)
Apply
a Recibirse
b Postularse
c Obtener
d Lograr

3)
Attorney
a Torno
b Atornillar
c Atender
d Abogado

4)
Building
a Edificio
b Bloque
c Departamento
d Cuadra

5)
Come from
a Venir de
b Ir hacia
c Venir hacia
d Volver

6)
Dial
a Jabón
b Día
c Discar
d Dar

7)
Insurance
a Seguro
b Seguramente
c Insatisfecho
d Intentar

8)
Often
a Oir
b A menudo
c Pocas veces
d Diez

9)
Prepaid
a Barata
b Gratis
c Medicina
d Prepaga

10)
Purchase
a Bolso
b Comprar
c Vender
d Purgar

AUTOTEST para Palabras Clave 301 a 400

Respuestas en la pág. 254

Marque en cada opción, el significado más adecuado

1) Able
a Amable
b Capaz
c Hablar
d Oir

2) Ask for
a Pedir
b Preguntar
c Responder
d Salir

3) Care
a Auto
b Cuidado
c Farmacia
d Maltratar

4) Citizen
a Residente
b Ciudadano
c Americano
d Reloj

5) Discussion
a Pelea
b Discusión
c Conversación
d Trifulca

6) Listen
a Listar
b Escuchar
c Igualar
d Oler

7) Requirement
a Requisito
b Reaparecer
c Resabiado
d Recepción

8) Slow down
a Acelerar
b Reducir velocidad
c Detenerse
d Huir de

9) Sometimes
a Alguien
b Alguno
c A veces
d Siempre

10) Worry
a Preocuparse
b Desentenderse
c Despreocuparse
d Correr

AUTOTEST para Palabras Clave 401 a 500

Respuestas en la pág. 254

Marque en cada opción, el significado más adecuado

1) Actually
a Actualmente
b Ahora
c En realidad
d En breve

2) Bakery
a Panadería
b Carnicería
c Pescadería
d Frutería

3) Ceiling
a Cielo
b Techo
c Suelo
d Piso

4) Counter
a Contra
b Mostrar
c Mostrador
d Contener

5) Engine
a Ingenio
b Motor
c Ingeniero
d Máquina

6) Foreign
a Latinoamericano
b Extranjero
c Americano
d Extraño

7) Kitchen
a Gatos
b Cocina
c Animales
d Baño

8) Post office
a Oficina de postas
b Oficina de correos
c Oficina de carros
d Oficina de ventas

9) Smell
a Oler
b Escuchar
c Hablar
d Decir

10) Usually
a Usuario
b Usado
c Usualmente
d Usual

AUTOTEST para Palabras Clave 501 a 600

Respuestas en la pág. 254

Marque en cada opción, el significado más adecuado

1) **Argument**
- a Argumento
- b Discusión
- c Justificación
- d Presentación

2) **Beautiful**
- a Linda
- b Fea
- c Atractiva
- d Graciosa

3) **Car dealer**
- a Taller de autos
- b Vendedor de autos
- c Cuidador de autos
- d Parqueador de autos

4) **Daughter**
- a Hija
- b Sobrina
- c Hermana
- d Prima

5) **Furniture**
- a Cocinas
- b Camas
- c Muebles
- d Sofás

6) **Grandfather**
- a Tío
- b Abuelo
- c Padre grande
- d Bisabuelo

7) **Husband**
- a Esposa
- b Esposo
- c Matrimonio
- d Boda

8) **Nurse**
- a Cuidadora de niños
- b Azafata
- c Enfermera
- d Doctora

9) **Parents**
- a Parientes
- b Hermanos
- c Cuñados
- d Padres

10) **Son**
- a Hijo
- b Sol
- c Hija
- d Música

AUTOTEST para Palabras Clave 601 a 700

Respuestas en la pág. 254

Marque en cada opción, el significado más adecuado

1)
Advice
a Avisar
b Atender
c Comercial TV
d Consejo

6)
Installment
a Instalación
b Instalador
c Escalera
d Cuota

2)
Basement
a Sótano
b Ático
c Estadio
d Base

7)
Prescription
a Receta
b Prescripción
c Fecha límite
d Caducidad

3)
Buddy
a Cuerpo chico
b Cuerpo grande
c Amigo
d Vecino

8)
Shipment
a Barco
b Navegante
c Envío
d Marinero

4)
Down Payment
a Pago final
b Pago completo
c Anticipo
d Última cuota

9)
These
a Estos
b Esos
c Aquellos
d Algunos

5)
Everything
a Nada
b Todo
c Algunas cosas
d Muchas cosas

10)
Withdraw
a Retirar dinero
b Depositar dinero
c Guardar dinero
d Ahorrar dinero

AUTOTEST para Palabras Clave 701 a 800

Respuestas en la pág. 254

Marque en cada opción, el significado más adecuado

1) Bread
a Manteca
b Pan
c Harina
d Trigo

2) Couch
a Entrenador
b Bus
c Coche
d Sillón

3) Dessert
a Vacío
b Desierto
c Nadie
d Postre

4) Fork
a Tenedor
b Cuchillo
c Cuchara
d Cubiertos

5) Groceries
a Groserías
b Vulgaridades
c Productos de almacén
d Cosas grandes

6) Homemade
a Casero
b Constructor de casas
c Hogar
d Casa

7) Lane
a Rubio
b Lacio
c Carril
d Vía de tren

8) On sale
a En liquidación
b En venta
c Salida
d Salado

9) Refund
a Pago
b Contra entrega
c Volver a fundir
d Reembolso

10) Toll
a Alto
b Bajo
c Peaje
d Autopista

AUTOTEST para Palabras Clave 801 a 900

Respuestas en la pág. 254

Marque en cada opción, el significado más adecuado

1) Arm
- a Arma
- b Pistola
- c Brazo
- d Mano

6) Homesick
- a Enfermo
- b Nostálgico
- c Casa principal
- d Enfermo en casa

2) Dust
- a Pato
- b Patio
- c Conducto
- d Polvo

7) Married
- a Cansado
- b Esposado
- c Casado
- d Matrimonio

3) Feeling
- a Relleno
- b Llenar
- c Dolor
- d Sentimiento

8) Proud
- a Orgulloso
- b Felíz
- c Satisfecho
- d Encantado

4) Flu
- a Mosca
- b Catarro
- c Resfrío
- d Gripe

9) Sensible
- a Sensible
- b Suave
- c Sensato
- d Delicado

5) Health
- a Salud
- b Riqueza
- c Abundancia
- d Hospital

10) Upset
- a Disgustado
- b Vuelta abajo
- c Volver
- d Subir

Marque en cada opción, el significado más adecuado

AUTOTEST para Palabras Clave 901 a 1000

Respuestas en la pág. 254

1) Envelope
a Envolver
b Encima
c Sobre
d Abajo

2) Guest
a Invitado
b Adivinar
c Guardado
d Abandonado

3) Homework
a Trabajo doméstico
b Tarea del estudiante
c Oficina
d Estudio

4) Knife
a Cuchillo
b Cuchara
c Cubiertos
d Tenedor

5) Letter
a Permitir
b Dejar hacer
c Correo
d Carta

6) Movie
a Móvil
b Película
c Serie de TV
d Celular

7) Ounce
a Una vez sólo
b Once
c Onza
d Peso

8) Pretty
a Fea
b Bella
c Atractiva
d Rubia

9) Scale
a Escalera
b Escalera automática
c Balanza
d Regla

10) Size
a Gorda
b Delgada
c Talle
d Talla

DICCIONARIO
ESENCIAL
ILUSTRADO
INGLÉS / ESPAÑOL

A

A lot

A (e). Un, una

A bit (e bit). Un poco.

A few (e fyu:). Unos pocos.

A little (e lírel). Un poco.

A lot (e la:t). Mucho.

A. M. (éi em). A.M (antes del mediodía).

Ability (ebíleri). Habilidades.

Able (éibel). Capaz.

About (ebáut). Acerca de.

Above (ebáv). Arriba de.

Absent-minded (æbsent máindid). Distraído.

Accountant

Absolutely (æbselú:tli). Absolutamente.

Accelerator (akséle:reire:r). Acelerador.

Accept (eksépt). Aceptar.

Account (ekáunt). Cuenta.

Accountant (ekáuntent). Contador.

Acid rain (æsid réin). Lluvia ácida

Acquaintance (ekwéintens).Conocido.

Acquittal (ekwí:tel). Absolución.

Across (ekrá:s). A través, en frente de.

Act (ækt). Actuar.

Act (ækt). Ley

Actor

Actor (ækte:r). Actor.

Administrative officer

Aerobics

Aids

Actually (ækchueli). En realidad.

Ad (æd). Avisos publicitarios.

Add (æd). Agregar.

Add up (æd ap). Resultar razonable

Add up (æd ap). Sumar.

Address (ædres). Dirección.

Adjustment (edshástment). Ajuste.

Administrative officer (edmínístretiv á:fise:r). Empleado administrativo.

Adventure (edvénche:r). Aventura.

Advertisement (ædve:rtáizment). Aviso publicitario.

Advertising (ædve:rtaizing). Publicidad.

Advice(edváis). Consejo.

Aerobics (eróubiks). Ejercicios aeróbicos.

Affectionate (efékshenet). Afectuoso.

Affidavit (æfedéivit). Declaración jurada.

After (æfte:r). Después.

Afternoon (æfte:rnu:n). Tarde.

Again (egén). Otra vez.

Age (eish). Edad.

Agency (éishensi). Agencia.

Aggressive (egrésiv). Agresivo.

Ago (egóu). Atrás.

Agree (egrí:). Estar de acuerdo.

Agreement (egrí:ment). Acuerdo.

Aids (éidz). Sida

Air (er). Aire

Airport (érport). Aeropuerto.

Alligator

Alphabet

Angry

Alcohol (ælkeja:l). Alcohol.

Alibi (ælibai). Coartada.

Alien (éilien). Extranjero.

All (a:l). Todos.

Allergy (æle:rshi). Alergia

Alligator (eligéire:r). Lagarto

Almond (á:lmend). Almendra.

Alphabet (ælfebet). Alfabeto.

Also (á:lsou). También.

Always (a:lweiz). Siempre.

Amazed (eméizd). Sorprendido.

Ambitious (æmbíshes) Ambicioso.

Amount (emáunt). Cantidad.

Amusement (emyú:zment). Diversión.

An (en). Un, una.

Anchovy (ænchevi). Anchoa.

And (end). Y.

Angry (ængri). Enojado.

Animal (ænimel). Animal.

Ankle (ænkel). Tobillo.

Annoyed (enóid). Molesto.

Answer (ænser). Contestar.

Ant (ænt). Hormiga

Anthem (anzem). Himno nacional.

Antibiotic (æntibaiá:rik). Antibiótico.

Anxious (ænkshes). Ansioso.

Anybody (éniba:di). Alguien.

Apple

Anyone (éniwan). Alguien

Anything (énizing). Algo

Apartment (apa:rtment). Apartamento.

Apologize (epá:leshaiz). Disculparse

Appeal (epí:l). Apelación

Apple (æpel). Manzana.

Application form (æplikéishen fo:rm). Forma de solicitud.

Apply (eplái). Postularse.

Approval (eprú:vel). Aprobación.

April (éipril). Abril.

Architect (á:rkitekt). Arquitecto.

Are (a:r). Son, están.

Area Code (érie kóud). Código de área.

Argument (a:rgiument). Discusión.

Arm (a:rm). Brazo.

Architect

Around (eráund). Alrededor.

Arrange (eréinsh). Organizar.

Arrival (eráivel). Llegada.

Arrive (eráiv). Llegar.

Arrogant (æregent). Arrogante.

Artist (á:rist). Artista.

As (ez). Como.

Ashamed (eshéimd) Avergonzado.

Ask (æsk). Preguntar.

Ask for (æsk fo:r). Pedir.

Ask out (æsk áut). Invitar a salir.

Artist

Aspirin (æspirin). Aspirina.

Avenue

Assault (aso:lt). Ataque.

Assistant (esístent). Asistente.

At (æt). A, en.

ATM (ei. ti: em). Cajero automático.

Attack (etæk). Ataque.

Attempt (etémpt). Intentar.

Attend (eténd). Concurrir.

Attention (eténshen). Atención.

Attorney (eté:rnei). Abogado.

Attraction (ete:rni). Atracción.

August (o:gast). Agosto.

Aunt (ænt). Tía.

Authority (ezo:riti). Autoridad.

Avenue (ævenu:). Avenida.

Average (æverish). Promedio.

Awful (á:fel). Feo, horrible.

Axe (æks). Hacha

Axe

B

Baby sitter

Baby sitter (béibi síre:r). Niñera.

Bachelor (bæchele:r). Soltero.

Back (bæk). Atrás. espalda.

Back out (bæk áut). Echarse atrás.

Back up (bæk ap). Apoyar.

Baggage

Back up (bæk ap). Hacer copia de seguridad de archivos electrónicos.

Backache (bækeik). Dolor de espalda.

Background (bækgraund). Antecedentes.

Backyard (bækye:rd). Patio trasero.

Bacon. (béiken). Tocino.

Bad (bæd). Malo.

Bad-Tempered (bæd témpe:rd). Mal carácter.

Bag (bæg). Bolso, bolsa.

Bagel (béigel). Rosca.

Baggage (bægish). Equipaje.

Bake (béik). Hornear.

Baker (béiker). Panadero.

Bakery (béikeri). Panadería.

Balance (bælens). Saldo.

Balcony (bælkeni). Balcón.

Bandage

Bald (ba:ld). Calvo.

Ball (ba:l). Pelota.

Ballot (bælet). Voto

Band aid (bænd éid). Banda atoadhesiva protectora.

Bandage (bændish). Venda

Bank (bænk). Banco.

Bankrupt (bænkrept). Bancarrota

Barbecue (ba:rbikyu:). Barbacoa.

Barrel (bærel). Barril.

Baseball (béisba:l). Béisbol.

Basement (béisment). Sótano.

Baseball

Basil (béisil). Albahaca

Bathing suit

Basket (bæsket). Canasta.

Basketball (bæsketbol). Basquetbol.

Bat (bæt). Murciélago.

Bathe (béid). Bañarse.

Bathing suit (béiding su:t). Traje de baño de mujer.

Bathroom (bæzrum). Cuarto de baño.

Bathtub (bæztab). Bañera.

Battery (bæreri). Batería.

Bay (béi). Bahía.

Be (bi:). Ser, estar.

Be into (bi: intu:). Hacer algo regularmente.

Be off (bi: a:f). Irse.

Be out of (bi: áut ev). Quedarse sin algo.

Be over (bi: óuve:r). Terminar.

Beans (bi:ns). Frijoles.

Bear (ber). Oso

Beard (bird). Barba.

Beat

Beat (bi:t). Batir.

Beautiful (biú:rifel). Hermoso.

Because (bico:s). Porque.

Bed (bed). Cama

Bedroom (bédrum). Dormitorio.

Bee (bi:). Abeja

Beef (bi:f). Carne vacuna.

Beer (bir). Cerveza.

Before (bifo:r). Antes.

Bee

Begin (bigín). Comenzar

Belt

Beverage

Birthday

Behavior (bijéivye:r). Comportamiento.

Behind (bijáind). Detrás.

Belief (bili:f). Creencia.

Bell captain (bel kæpten) Jefe de porteros en un hotel

Below (bilóu). Debajo de.

Belt (belt). Cinturón.

Better (bérer). Mejor.

Between (bitwí:n). Entre.

Beverage (bévrish). Bebida.

Bewildered (biwilde:rd). Perplejo.

Bicycle (báisikel). Bicicleta.

Big (big). Grande.

Bill (bil). Billete.

Bill (bil). Factura (de electricidad, etc.).

Billion (bílien). Billón (mil millones).

Biography (baia:grefi). Biografías.

Birth (be:rz). Nacimiento.

Birthday (bérzdei). Cumpleaños.

Bite (báit). Mordedura, picadura.

Bite (báit). Morder.

Black (blæk). Negro.

Blackberry (blækberi). Zarzamora.

Blackmail (blælmeil). Chantajear.

Blackmailer (blækmeile:r). Chantajista.

Blanket (blænket). Frazada.

Blend (blénd). Mezclar.

Blonde

Blind (bláind). Ciego.

Blind date (bláind déit). Cita a ciegas.

Blinds (bláindz). Persianas.

Blink (blink). Parpadear.

Blizzard (blíze:rd). Tormenta de nieve.

Block (bla:k). Cuadra.

Blog (bla:g). Diario personal en Internet.

Blond (bla:nd). Rubio.

Blonde (bla:nd). Rubia.

Blood (bla:d). Sangre.

Blouse (bláus). Blusa.

Blow (blóu). Soplar.

Blow out (blóu áut). Soplar.

Blow up (blóu ap). Explotar.

Blow up (blóu ap). Hacer explotar.

Blow up (blóu ap). Inflar.

Blouse

Blow up (blóu ap). Perder los estribos.

Blue (blu:). Azul.

Blue cheese (blu: chi:z). Queso azul

Blush (blush). Enrojecer.

Board (bo:rd). Cartelera.

Board (bo:rd). Tabla

Board game (bo:rd géim). Juego de mesa.

Boat (bóut). Bote.

Body (ba:dy). Cuerpo.

Boil (boil). Hervir.

Boil

Bolt (bóult).tornillo

Book

Bowling

Bread

Book (buk). Libro.

Bookcase (búkkeis). Repisa.

Boot (bu:t). Bota.

Border (bo:rde:r). Frontera.

Boring (bo:ring). Aburrido.

Borrow (bárau). Pedir prestado.

Bossy (ba:si). Autoritario.

Both (bóuz). Ambos.

Bottle (ba:rl). Botella.

Bottled water (ba:rl wá:re:r) Agua mineral.

Bottom (bá:rem). Parte inferior.

Bowl (bóul). Tazón.

Bowling (bóuling). Bolos.

Box (ba:ks). Caja.

Boxing (ba:ksing). Boxeo.

Boyfriend (bóifrend). Novio.

Brainteaser (bréinti:ze:r). Adivinanza.

Braise (bréiz). Cocinar con líquido.

Brake (bréik). Freno.

Brandy (brændi). Coñac.

Brass (bræs). Bronce.

Brave (bréiv). Valiente.

Bread (bred). Pan.

Breadstick (brédstik). Grisín.

Break (bréik). Descanso.

Break (bréik). Romper.

Break down (bréik dáun). Flaquear.

Bricklayer

Bride

Bring up

Break down (bréik dáun). Romperse.

Break up (breik ap). Romper una relación.

Breast (brést). Seno.

Breath (brez). Aliento.

Breathe (bri:d). Respirar.

Breeze (bri:z). Brisa

Bribe (bráib). Sobornar.

Bribe (bráib). Soborno.

Bricklayer (brikléie:r) albañil.

Bride (bráid). Novia.

Bring (bring). Traer.

Bring along (bring elá:ng). Traer.

Bring back (bring bæk). Traer a la memoria.

Bring up (bring ap). Criar

Bring up (bring ap). Hablar sobre algo.

Broadband (bro:dbænd) Banda ancha de Internet

Broke (bróuk). Quebrado (sin dinero).

Brother (bráde:r). Hermano.

Brown (bráun). Castaño.

Brown (bráun). Marrón.

Browse (bráuz). Navegar por Internet.

Browser (bráuze:r). Navegador.

Bruise (bru:z). Magulladura

Brussel sprouts (brázel spráuts) Repollitos de Bruselas

Buckle (bákel). Hebilla.

Buddy (bári). Amigo.

Budget (báshet). Presupuesto.

Building

Bus

Butterfly

Buffalo (báfelou). Búfalo

Buffet (beféi). Bufet.

Build up (bild ap). Aumentar.

Builder (bílde:r). Constructor.

Building (bílding). Edificio.

Bull (bu:l). Toro

Bun (ban). Pan para hamburguesa.

Burglar (bé:rgle:r). Ladrón.

Burglary (bé:rgle:ri). Robo.

Burn (be:rn). Quemar.

Burn (bu:rn). Quemadura.

Burp (be:rp). Eructar.

Burst (be:rst). Explotar.

Bus (bas). Autobús.

Bus stop (bas sta:p). Parada de autobús.

Business (bíznes). Negocios.

Busy (bízi). Ocupado.

But (bat). Pero.

Butcher (bútche:r). Carnicero.

Butter (báre:r). Mantequilla.

Butterfly (báre:rflái). Mariposa.

Buttock (bárek). Nalga.

Button (bárn). Botón.

Buy (bái). Comprar.

By (bái). En (medios de transporte).

Bye (bái). Adiós.

C

Call

Cab (kæb). Taxi.

Cabbage (kæbish). Repollo.

Cable (kéibel). Cable

Calf (kæf). Pantorrilla.

Call (ka:l). Llamada.

Call (ka:l). Llamar.

Call back (ka:l bæk). Devolver un llamado

Call off (ka:l a:f). Cancelar.

Call up (ka:l ap). Convocar (para el ejército o un equipo deportivo).

Calm (ka:lm). Calmar.

Calm down (ka:lm dáun). Calmar.

Campaign (kempéin). Campaña.

Can (kæn). Lata.

Can (kæn). Poder.

Candid (kændid). Franco.

Candle

Candidate (kændideit). Candidato.

Candle (kændel). Vela.

Canoeing (kenú:ing). Canotaje.

Cap (kæp). Gorra.

Car (ka:r). Automóvil.

Car dealer (ka:r di:le:r). Vendedor de autos.

Canoeing

Car racing (ka:r réising). Automovilismo.

Carpenter

Cat

Chair

Card game. (ka:rd géim). Juego de cartas.

Care (ker). Cuidado.

Care for (ker fo:r). Cuidar.

Carefree (kérfree). Despreocupado.

Carpenter (ka:rpente:r). Carpintero.

Carpet (ká:rpet). Alfombra.

Carrot (kæret). Zanahoria.

Carry (kéri) Llevar.

Carry (kéri). Transportar.

Carton (ká:rten). Envase de cartón.

Case (kéis). Caso

Cash (kæsh). Dinero en efectivo.

Cashier (kæshír). Cajero.

Casual (kæshuel). Informal.

Cat (kæt). Gato.

Catch (kæch). Atrapar.

Catch on (kæch a:n). Tener éxito.

Catch up on (kæch ap a:n). Ponerse al día.

Catch up with (kæch ap wid). Ponerse al día.

Cause (ka:z). Causa.

Ceiling (síling). Techo.

Ceiling fan (síling fæn). Ventilador de techo.

Celery (séleri). Apio.

Cemetery (sémeteri). Cementerio.

Centimeter (séntimirer). Centímetro.

Certificate (se:rtífiket). Certificado.

Chair (che:r). Silla.

Chance (chæns). Oportunidad.

Chandelier

Chandelier (chændelir). Lámpara de techo.

Change (chéin**sh**). Cambiar

Change (chéin**sh**). Cambio.

Charge (cha:r**sh**). Acusación.

Cheap (chi:p). Barato.

Check (ch**e**k). Cheque.

Check (ch**e**k). Chequear.

Check (ch**e**k). Cuenta en un restaurante).

Check (ch**e**k). Revisar.

Check in (ch**e**k in). Registrarse.

Check off (ch**e**k a:f).Marcar como vistos en una lista.

Check out (ch**e**k áut). Ir a conocer un lugar nuevo.

Check out (ch**e**k áut). Pagar en la caja de un supermercado

Check out (ch**e**k áut). Pagar la cuenta al irse de un hotel.

Check over (ch**e**k óuve:r). Revisar.

Cheese

Checkbook (ch**é**kbuk). Chequera.

Checkers. (ch**é**ke :rs). Juego de damas.

Cheek (chi :k). Mejilla.

Cheerful (chirfel). Alegre.

Cheese (chi :z). Queso.

Chef (sh**e**f). Chef.

Chemical (k**é**mikel). Sustancia química.

Cherry (ch**é**ri). Cereza.

Chess (ch**e**ss). Ajedrez.

Chest (ch**e**st). Cómoda.

Chest (ch**e**st). Pecho.

Chemical

Chestnut (ch**é**stnat). Castaña.

Child

Christmas

Clean

Chew (chu:). Masticar.

Chicken (chíken). Pollo.

Chickenpox (chíkenpa:ks). Varicela

Child (cháild). Hijo.

Child (cháild). Niño.

Childish (cháildish). Infantil.

Children (chíldren). Hijos.

Children (chíldren). Niños.

Chili (chili). Ají picante.

Chin (chin). Mentón.

Chop (cha:p). Picar.

Christmas (krísmes). Navidad.

Cinnamon (sínemen). Canela

Citizen (sírisen). Ciudadano.

Citizenship (sírisenship). Ciudadanía.

City (síri). Ciudad.

Civil servant (sívil sérvent). Empleado público

Clap (klæp). Aplaudir.

Classified ad (klæsifaid æd) Aviso clasificado.

Clean (kli:n). Limpiar.

Clean (limpio). Limpio.

Clear (klíe:r). Aclarar.

Clear out (klíe:r áut). Retirar pertenencias de un lugar.

Clear up (klíe:r ap). Aclarar dudas.

Clear up (klíe:r ap). Mejorar (el tiempo).

Clear up (klíe:r ap). Mejorar (una enfermedad).

Clerk (kle:rk). Empleado.

Climate

Clever (kléve:r). Inteligente.

Climate (kláimit). Clima

Climb (kláim). Escalar

Closet (klóuset). Ropero.

Cloth (kla:z). Paño de limpieza.

Clothes (klóudz). Ropa.

Cloud (kláud). Nube.

Cloudy (kláudi). Nublado.

Clutch (klách). Embrague.

Coal (kóul). Carbón.

Coat (kóut). Abrigo.

Cockroach (ká:krouch). Cucaracha.

Coconut

Coconut (kóukenat). Coco.

Cod (ka:d). Bacalao

Coffee (ka:fi). Café.

Coffee store (ká:fi sto:r). Cafetería.

Coffee table (ká:fi téibel). Mesa de centro.

Coin (kóin). Moneda.

Cold (kóuld). Frío.

Cold (kóuld). Resfriado.

Collar (kále:r). Cuello (de una prenda).

Collect (kelékt). Cobrar.

Color (kále:r). Color.

Comb (kóum). Peine.

Come (kam). Venir.

Come along (kam elá:ng). Acompañar.

Coffee

Come around (kam eráund). Recuperar la conciencia.

Comfortable

Competition

Computer

Come back (kam bæk). Regresar

Come from (kam fra:m). Venir de.

Come in (kam in). Entrar.

Come on (kam a:n). Pedirle a alguien que se apure.

Come out (kam áut). Hacerse público.

Come out (kam áut). Terminar de una manera determinada.

Come through (kam zru:). Atravesar una situación difícil con éxito.

Come up (kam ap). Suceder inesperadamente

Come up with (kam ap wid). Sugerir.

Comfort (kámfe:rt). Comodidad.

Comfortable (kámfe:rtebel). Cómodo.

Comic (ká:mik). Historieta

Commercial (kemé:rshel). Aviso publicitario

Company (kámpeni). Compañía.

Comparison (kempérisen). Comparación.

Competition (ká:mpetíshen). Competencia.

Competition (ká:mpetishen). Competición.

Competitive (kempéririv). Competitivo.

Complete (kemplí:t). Completar.

Computer (kempyú:re:r). Computadora.

Computing (kempyu:ring). Computación.

Concert (ká:nse:rt). Concierto.

Condition (kendíshen). Condición.

Confused (kenfyú:zd). Confundido.

Congress (ká:ngres). Congreso.

Connection (kenékshen). Conexión.

Considerate (kensídret). Considerado.

Contamination

Constitution (ka:nstitu:shen). Constitución.

Construction inspector (kenstrákshen inspékte:r). Inspector de construcción.

Construction worker (kenstrákshen we:rke:r). Obrero de la construcción.

Consultant (kensáltent). Asesor.

Contain (kentéin). Contener.

Contamination (kenteminéishen). Contaminación.

Contractor (kentræ:kte:r). Contratista.

Control (kentróul). Control.

Control-freak (kentróul fri:k). Controlador obsesivo.

Conversation (ka:nverséishen). Conversación.

Convict (ká:nvikt). Convicto.

Cook (kuk). Cocinar.

Cook (kuk). Cocinero.

Cook

Cooker (kúke:r). Cocina.

Cool (ku:l). Divertido.

Cool (ku:l). Fresco.

Copper (ká:pe:r). Cobre.

Copy (ká:pi). Copia.

Copy (ká:pi). Copiar.

Cork (ka:rk). Corcho.

Corn (ko:rn). Maíz.

Corner (kó:rne:r). Esquina.

Cost (ka:st). Costar.

Corn

Couch (káuch). Sillón.

Cough (kaf). Tos.

Cough (kaf). Toser.

Cow

Could (kud). Podría

Counselor (káunsele:r). Asesor.

Count (káunt). Contar.

Count in (káunt in). Incluir a alguien en una actividad.

Count on (káunt a:n). Contar con.

Counter (káunte:r). Mostrador.

Country (kántri). País.

Country code (kántri kóud). Código de país.

Country of birth (kántri ev birz). País de nacimiento.

Court (ko:rt). Corte

Court House (ko:rt jáus). Palacio de Justicia

Cousin (kázen). Primo.

Cover (ká:ve:r). Cubrir.

Cow (káu). Vaca

Crab (kræb). Cangrejo.

Craft

Crack (kræk). Grieta.

Craft (kræft). Artesanía.

Crate (kréit). Cajón.

Cream (kri:m). Crema.

Creative (kriéiriv). Creativo.

Credit (krédit). Crédito.

Credit card (krédit ka:rd). Tarjeta de crédito.

Crime (kráim). Delito.

Criminals (kríminel). Delincuentes.

Crocodile (krákedail). Cocodrilo

Crosswalk (krá:swa:k). Cruce peatonal.

Cream

Crossword puzzle (krá:swe:rd pázel). Crucigrama.

Cup

Cruel (krúel). Cruel.

Crutch (krách). Muleta

Cry (krái). Gritar.

Cry (krái). Llorar.

Cucumber (kyú:kambe:r). Pepino.

Culture (ké:lche:r). Cultura.

Cup (káp). Taza.

Curly (ke:rli). Enrulado.

Current (ké:rent). Corriente.

Current account (ké:rent ekáunt). Cuenta corriente.

Curtain (ké:rten). Cortina.

Cushion (kúshen). Almohadón.

Customer (kásteme:r). Cliente.

Customs (kástems). Aduana.

Cry

Customs officer (kástems á:fise:r): empleado de la aduana.

Cut (kat). Cortar

Cut back (kat bæk). Reducir.

Cut down (kat dáun). Reducir.

Cut off (kat a:f). Cortar un servicio.

Cyberspace (sáibe:rspeis) Ciberespacio.

Curtain

D

Dairy products

Dance

Darts

Dairy products (**dé**ri prá:da**k**ts). Productos lácteos.

Damage (**dæ**mish). Daño.

Dance (**dæ**ns). Bailar.

Dancing (**dæ**nsing). Baile.

Danger (**dé**in**sh**e:r). Peligro.

Dangerous (**dé**in**sh**eres). Peligroso.

Dark (**da**:rk). Oscuro.

Darts (**da**:rts). Dardos.

Dashboard (**dæ**shbo:**rd**). Tablero de instrumentos.

Database (**dé**irebéis). Base de datos.

Date (**dé**it). Cita.

Date (**dé**it). Fecha.

Daughter (**dá**:re:r). Hija.

Day (**dé**i). Día.

Death (**dé**z). Muerte.

Death penalty (**dez pé**nelti). Pena de muerte.

Debit card (**dé**bit ka:**rd**). Tarjeta de débito.

Debt (**dé**t). Deuda.

Decaffeinated coffee (dikæfineirid ká:fi) café descafeinado.

December (disé**mbe**:r). Diciembre.

Decision (disí*sh*en). Decisión.

Deck (**dek**). Balcón terraza.

Delivery

Dessert

Destination

Declare (diklé:r). Declarar.

Default (difá:lt). Incumplimiento.

Defence (diféns). Defensa

Defendant (diféndent). Acusado

Degree (digrí:). Grado.

Degrees Celsius (digrí:z sélsies). Grados centígrados.

Degrees Fahrenheit (digrí:z færenjáit). Grados Fahrenheit.

Delicious (dilíshes). Delicioso.

Deliver (dilíve:r). Enviar.

Delivery (dilí:very). Parto.

Delivery (dilíve:ri). Envío a domicilio.

Demanding (dimænding). Exigente.

Democracy (dimá:kresi). Democracia.

Democratic (demekrærik). Democrático

Dentist (déntist). Dentista.

Deny (dinái). Denegar.

Depend (dipénd). Depender.

Deposit (dipá:zit). Depósito.

Depressed (diprést). Deprimido.

Depression (dipréshen). Depresión.

Design (dizáin). Diseñar.

Desire (dizáir). Desear.

Desk (désk). Escritorio.

Dessert. (dizé:rt). Postre.

Destination (destinéishen). Destino.

Destroy (distrói). Destruir.

Destruction (distrákshen). Destrucción.

Dice

Dictionary

Diploma

Detail (díteil). Detalle.

Determined (dité:rmind). Decidido.

Development (divélopment). Desarrollo.

Dew (du:). Rocío

Dial (dáiel). Discar.

Dice (dáis). Cortar en cubos.

Dice (dáis). Dados.

Dictionary (díksheneri). Diccionario.

Did (did). Pasado simple del verbo hacer.

Die (dái). Morir

Die for (dái fo:r). Querer mucho algo.

Difference (díferens). Diferencia.

Difficult (dífikelt). Difícil.

Digestion (daishéschen). Digestión.

Dime (dáim). Diez centavos de dólar.

Dining room (dáining ru:m). Comedor.

Dining set (dáinig set). Juego de comedor.

Diploma (diplá:me). Diploma.

Directions (dairékshen). Instrucciones.

Directory (dairékteri). Guía telefónica.

Directory Assistance (dairékteri esístens). Información.

Dirty (déri). Sucio.

Disappointed (disepóinted). Desilusionado.

Disco (dískou). Discoteca.

Discovery (diská:veri). Descubrimiento.

Discussion (diskáshen). Conversación.

Disease (dizí:z). Enfermedad.

Diving

Disgust (disgást). Disgusto.

Dish (dish). Plato

Dissolve (diza:lv). Disolver.

Distance (dístens). Distancia.

Distribution (distribyu:shen). Distribución.

Diving (dáiving). Buceo.

Division (divíshen). División.

Divorcee (devo:rsei). Divorciado.

Dizzy (dízi). Mareado

Do (du:). Auxiliar del presente simple.

Do (du:). Hacer

Do away with (du: ewéi wid). Eliminar.

Do without (du: widáut). Prescindir.

Doctor (dá:kte:r). Doctor.

Documentary (da:kyu:ménteri). Documental

Does (dáz). Auxiliar del presente simple

Doctor

Dollar (dá:le:r). Dólar.

Dolphin (dá:lfin). Delfín.

Door (do:r). Puerta.

Door person (do:r pé:rsen). Encargado de un edificio u hotel.

Double (dábel). Doble.

Doubt (dáut). Duda.

Doubtful (dáutfel). Dubitativo.

Dough (dóu). Masa.

Dove (dáv). Paloma

Down (dáun). Abajo.

Dove

Dress

Drink

Dressing

Down payment (**d**áun p**é**iment). Anticipo.

Download (**d**áunlou**d**). Bajar archivos.

Down-to-earth (**d**áun te **é**rz). Centrado.

Downtown (**d**áuntaun). Centro de la ciudad.

Dozen (**d**ázen). Docena.

Draw (**d**ra:w). Dibujar.

Draw up (**d**ra: **a**p). Preparar un escrito.

Dream (**d**ri:m). Soñar.

Dream about (**d**ri:m ebáut). Tener una ilusión.

Dream of (**d**ri:m ev). Tener una ilusión.

Dream up (**d**ri:m **a**p). Imaginar una idea o plan.

Dress (**d**res). Vestido.

Dresser (**d**ré**s**e:r). Cómoda.

Dressing (**d**ré**s**ing). Aderezo.

Dressing room (**d**ré**s**ing ru:m). Probador.

Drill (**d**ri:l). Taladro

Drink (**d**rink). Beber.

Drink (**d**rink). Bebida.

Drive (**d**ráiv). Conducir.

Driver (**d**ráive:r). Conductor.

Driver license (**d**ráiver láisens). Licencia de conductor.

Drop (**d**ra:p). Hacer caer.

Drop in (**d**ra:p in). Visitar de improviso.

Drop off (**d**ra:p a:f). Dejar a alguien en un lugar.

Drop out (**d**ra:p áut) Abandonar los estudios

Drought (**d**ráut). Sequía.

Duck

Dust

Drug dealer (drág di:le:r). Narcotraficante.

Drug dealing (drág di:ling). Narcotráfico.

Drugstore (drágsto:r). *Drugstore.*

Drugstore (drágsto:r). Farmacia.

Drunkenness (dránkennes). Ebriedad.

Dry (drái). Seco.

Dry cleaner's (drái kli:ne:rz). Tintorería.

Duck (dák). Pato.

During (during). Durante.

Dust (dást). Polvo.

Dust (dást). Quitar el polvo.

Dye (dái). Teñir

E

Ear

Eagle (i:gel). Águila.

Ear (ir). Oído.

Ear (ir). Oreja.

Earache (íreik). Dolor de oídos.

Early (érli). Temprano.

Earth (érz). Tierra.

Earthquake (érzkweik). Terremoto.

Easy (í:zi). Fácil.

Easy-going (i:zigóuing). Tolerante.

Eat (i:t). Comer.

Ecological

Eat out (i:t áut). Comer en un restaurante.

Eat up (i:t ap). Comer todo.

Ecological (ikelá:shikel). Ecológico.

Ecologist (iká:leshist). Ecologista.

Economical (ikená:mikel). Económico.

Edge (esh). Borde.

Education (eshekéishen). Educación.

Eel (i:l). Anguila

Effect (ifékt). Efecto.

Efficient (efíshent). Eficiente.

Egg (eg). Huevo.

Egg

Eight (éit). Ocho.

Eighteen (eitín). Dieciocho.

Eighth (éiz). Octavo.

Eighty (éiri). Ochenta.

Either ... or (áide:r/ íde:r ...o:r). O ... o.

Elbow (élbou). Codo.

Election (ilékshen). Elección.

Electrician (elektríshen). Electricista.

Elegant (élegent). Elegante.

Elementary school (eleménteri sku:l). Escuela primaria.

Elephant (élefent). Elefante

Elevator (éleveire:r). Ascensor.

Eleven (iléven). Once.

E-mail (ímeil). Correo electrónico.

Embarrassed (imbérest). Incómodo.

Elephant

Engine

Embroidery (imbróideri). Bordado.

Empathetic (empazérik). Comprensivo.

Employee (imploií:). Empleado.

Employer (implóie:r).Empleador.

Encyclopedia (insaiklepí:die). Enciclopedia.

End (end). Fin.

End up (end ap). Terminar de una manera determinada.

Enemy (énemi). Enemigo.

Energetic (ene:rshétik). Energético.

Engine (énshin). Motor.

Engineer (enshinír). Ingeniero.

Engineer

English (inglish). Inglés.

Engraving (ingréiving). Grabado en piedra o metal.

Enjoy (inshói). Disfrutar.

Enough (ináf). Suficiente.

Enter (éne:r). Ingresar.

Entertainment (ene:rtéinment) Entretenimiento

Enthusiastic (inzú:siestik). Entusiasmado.

Envelope (énveloup). Sobre.

Envious (énvies). Envidioso.

Environment (inváirenment). Medio ambiente

Error (é:re:r). Error.

Envelope

Escalator (éskeleire:r). Escalera mecánica.

Evening (í:vning). Final de tarde. Noche.

Event (ivént). Evento.

Ever (éve:r). Alguna vez.

Evidence

Exercise

Explain

Every day (évri déi). Todos los días.

Everything (évrizing). Todo.

Evidence (évidens). Prueba

Exactly (igzæktli). Exactamente.

Example (igzæmpel) Ejemplo.

Excellent (ékselent). Excelente.

Exchange (ikschéinsh). Cambio de dinero.

Exchange (ikschéinsh). Intercambio.

Excited (iksáirid). Entusiasmado.

Exemption (iksémpshen). Exención de impuestos

Exercise (éksersaiz). Ejercicio.

Exercise (éksersaiz). Hacer ejercicio.

Exhale (ikséil). Exhalar.

Exhausted (igzá:stid). Exhausto

Exhibit (eksí:bit). Prueba instrumental

Existence (eksístens). Existencia.

Exit (éksit). Salida.

Expansion (ikspænshen). Expansión.

Expensive (ikspénsiv). Caro.

Experience (ikspí:riens). Experimentar.

Experience (ikspíriens). Experiencia.

Expert (ékspe:rt). Experto.

Explain (ikspléin). Explicar.

Extension (iksténshen). Número interno.

Extinction (ikstínkshen). Extinción.

Eye (ái). Ojo.

Eyebrow (áibrau). Ceja.

Eyelash (áilæsh). Pestaña.

F

Fall

Face (féis). Cara.

Facilitator (fesílitéire:r). Instructor.

Fact (fækt). Hecho.

Faculty (fækelti). Facultad

Fail (féil). Reprobar.

Fair (fer). Rubio.

Fall (fa:l). Caer.

Fall (fa:l). Caída.

Fall (fa:l). Otoño.

Fall behind (fa:l bijáind). Atrasarse.

Fall for (fa:l fo:r). Enamorarse

Fall out (fa:l áut). Caerse de un lugar

Family

Family (fæmeli). Familia.

Family doctor (fæmeli dákte:r). Médico de cabecera.

Far (fa:r). Lejos.

Farmer (fá:rme:r). Granjero.

Fascinated (fæsineirid). Fascinado.

Fashion (fæshen). Moda

Fashionable (fæshenebel). A la moda.

Fasten (fæsen). Ajustarse.

Fat (fæt). Gordo.

Fat (fæt). Grasa.

Farmer

Father (fá:de:r). Padre.

Fax machine

Feeling

Fight

Favorite (féivrit). Favorito.

Fax machine (fæks meshín). Fax.

Fear (fír). Miedo.

February (fébru:eri). Febrero.

Feed (fi:d). Alimentar

Feel (fi:l). Sentir.

Feel down (fi:l dáun). Estar deprimido.

Feel like (fi:l láik).Tener ganas.

Feeling (fi:ling). Sentimiento.

Feet (fi:t). Pies.

Felony (féleni). Delito grave

Fender (fénde:r). Paragolpes.

Fever (five:r). Fiebre.

Fiancée (fi:a:nséi). Prometido.

Fiction (fíkshen). Ficción.

Field (fi:ld). Campo.

Fifteen (fiftí:n). Quince.

Fifth (fifz). Quinto.

Fifty (fifti). Cincuenta.

Fight (fáit). Lucha.

Fight (fáit). Luchar

Figure out (fíge:r áut). Comprender.

Figure out (fíge:r áut). Resolver.

Fill (fil). Llenar.

Fill in (fil in). Completar espacios en blanco.

Fill in (fil in). Completar.

Fill out (fil áut). Completar por escrito.

Fire

Fish

Flower

Fill up (fil ap). Llenar completamente

Final (fáinel). Final.

Finally (fáineli). Finalmente.

Find (fáind). Encontrar

Fine (fáin). Bien.

Fine (fáin). Multa.

Finger (finge:r). Dedo de la mano.

Fire (fáir). Fuego.

Fire (fáir). Incendio

Fireman (fáirmen). Bombero

Fireperson (fáirpe:rsen). Bombero

Fireplace (fáirpleis). Estufa a leña.

Firewall (fáirwa:l). Filtro protector.

First (fe:rst). Primero.

Fish (fish). Pez.

Fishing (fishing). Pesca.

Fit (fit). Quedar bien (una prenda).

Five (fáiv). Cinco

Flame (fléim). Llama.

Flight (fláit). Vuelo.

Flight attendant (fláit aténdent). Azafata

Flood (flad). Inundación.

Floor (flo:r). Piso.

Florist (flo:rist). Florista

Flour (fla:er). Harina.

Flower (flaue:r). Flor.

Flu (flu:). Gripe

Food

Football

Fox

Fly (flái). Volar

Fly (flái). Mosca

Focus on (fóukes a:n). Concentrarse.

Fold (fóuld). Doblar.

Follow (fá:lou). Seguir.

Food (fud). Comida.

Foot (fut). Pie.

Football (fútba:l). Fútbol americano.

For (fo:r). Para.

Force (fo:rs). Forzar.

Force (fo:rs). Fuerza.

Forearm (fo:ra:rm). Antebrazo.

Forehead (fá:rid). Frente.

Foreign (fó:ren). Extranjero.

Foreman (fó:rmen). Capataz.

Forget (fegét). Olvidar.

Forgetful (fegétful). Olvidadizo.

Fork (fo:rk). Tenedor.

Form (fo:rm). Forma.

Formal (fó:rmel). Formal.

Forty (fó:ri). Cuarenta.

Four (fo:r). Cuatro

Fourteen (fo:rtí:n). Catorce.

Fourth (fo:rz). Cuarto.

Fox (fa:ks). Zorro.

Fraud (fro:d). Fraude.

Freckle (frékel) Peca.

Freeway

Fridge

Frog

Free (fri:). Libre.

Free time (frí: táim). Tiempo libre.

Freeway (frí:wei). Autopista

Freeze (fri:z). Congelar

Friday (fráidei). Viernes

Fridge (frish). Refrigerador.

Friend (frend) Amigo.

Friendly (fréndli). Cordial.

Friendship (fréndship). Amistad.

Frightened (fráitend). Asustado.

Frog (fra:g). Rana.

From (fra:m). De, desde.

Front (fra:nt). Frente.

Front desk (fra:nt desk). Recepcionista.

Front door (fra:nt do:r). Puerta de entrada.

Frost (fra:st). Helada

Frown (fráun). Fruncir el seño.

Frozen (fróuzen). Congelado

Fruit (fru:t). Fruta.

Frustrated (frastréirid). Frustrado.

Fry (frái). Freír.

Fun (fan). Diversión

Funny (fáni). Divertido.

Furious (fyé:ries). Furioso.

Furniture (fé:rnicher). Muebles

G

Gardening

Gasoline

Gale (géil). Temporal.

Gallon (gǽlen). Galón.

Game (géim). Juego.

Garden (gá:rden). Jardín.

Gardener (gá:rdene:r). Jardinero.

Gardening (ga:rdening). Jardinería.

Garlic (ga:rlik). Ajo.

Garnish (ga:rnish). Decorar.

Gas (gæs). Gasolina.

Gas station (gæs stéishen). Gasolinera.

Gasoline (gǽselin). Gasolina.

Gear box (gir bá:ks). Caja de cambios.

Generally (shénereli). Generalmente.

Generous (shéneres). Generoso.

Get (get). Conseguir.

Get along with (get ela:ng). Llevarse (bien o mal) con alguien.

Get away with (get ewéi wid) Salirse con la suya

Get back (get bæk). Regresar.

Get by (get bái). Arreglárselas.

Get divorced (get divo:rst). Divorciarse.

Get down to (get dáun tu:). Comenzar a hacer algo seriamente

Get in (get in). Entrar en un automóvil.

Get married

Get married (get mérid). Casarse.

Get together

Get off (get a:f). Bajar de un transporte público

Get on (get a:n). Subir a un transporte público.

Get out of (get áut ev). Salir de un automóvil.

Get over (get óuve:r). Recuperarse de una enfermedad.

Get to (get tu:). Llegar.

Get together (get tegéde:r). Reunirse.

Get up (get ap). Levantarse de la cama.

Get. (get). Comprar.

Get. (get). Llegar.

Gift store (gift sto:r). Tienda de regalos.

Ginger (shi:nshe:r). Jengibre

Giraffe (shirá:f). Jirafa.

Girl (ge:rl). Muchacha.

Girlfriend (gé:rlfrend). Amiga.

Girlfriend (gé:rlfrend). Novia.

Girl

Give (giv). Dar.

Give back (giv bæk). Devolver.

Give in (giv in). Conceder.

Give up (giv ap). Darse por vencido.

Give up (giv ap). Aceptar.

Give up (giv ap). Dejar de hacer.

Glad (glæd). Contento.

Glass (glæs). Vidrio.

Glass (glæs).Vaso

Glasses (glæsiz). Anteojos

Glasses

Gloomy (glu:mi). Desalentado.

Glove

Glove (glav). Guante.

Go (góu). Ir

Go away (góu ewéi) Pedirle a alguien que se vaya

Go back (góu bæk). Regresar.

Go down (góu dáun). Disminuir.

Go for (góu fo:r). Intentar lograr.

Go mad (góu mæd). Enojarse mucho.

Go off (góu a:f). Sonar (una alarma).

Go on (góu a:n). Continuar.

Go on (góu a:n). Ocurrir.

Go out (góu áut). Salir

Go through (góu zru:). Revisar

Go through (góu zru:) Tener una experiencia difícil

Go up (góu ap). Aumentar.

Go with (góu wid). Combinar.

Gold

Goat (góut). Cabra

Gold (góuld). Dorado.

Gold (góuld). Oro.

Golf (ga:lf).Golf.

Good (gud). Bueno.

Goose (gu:s). Ganso

Government (gáve:rnment). Gobierno.

Governor (gáve:rne:r). Gobernador.

Gram (græm). Gramo

Grandfather (grændfá:de:r). Abuelo.

Grandmother (grændmá:de:r). Abuela

Grandparents (grændpérents). Abuelos

Grandparents

Grape

Growth

Gymnastics

Grape (gréip).uva

Graphic designer (græfik dizáine:r). Diseñador gráfico.

Grass (græs). Césped.

Grate (gréit). Rallar.

Gray (gréi). Gris.

Great (gréit). Fantástico.

Green (gri:n). Verde.

Greengrocer (gri:ngróuse:r). Verdulero

Grin (grin). Sonrisa.

Groceries (gróuseri:z). Productos de almacén

Groom (gru:m). Novio.

Group (gru:p). Grupo.

Grow (gróu). Crecer

Grow up (gróu ap). Criarse

Growth (gróuz). Crecimiento.

Guess (ges). Adivinar.

Guess (ges). Suponer.

Guest (gést). Huésped.

Guide (gáid). Guía.

Guilty (gílti). Culpable.

Gullible (gálibel). Crédulo.

Gun (gan). Arma.

Guy (gái). Chicos/chicas, gente.

Gym (shim). Gimnasia

Gym (shim). Gimnasio.

Gymnastics (shimnæstiks). Gimnasia.

H

Hacksaw

Hairdresser

Hat

Hacksaw (jæksa:). Sierra

Hair (jér). Pelo.

Hairdresser (jerdrése:r). Peluquero.

Hairstylist (jerstáilist). Peinador.

Half (ja:f). Medio.

Ham (jæm). Jamón

Hammer (jæme:r).

Hand (jænd). Entregar.

Hand (jænd). Mano

Hand over (jænd óuve:r). Entregar algo que se ha ordenado o pedido.

Handkerchief (jænke:rchi:f) Pañuelo de bolsillo

Hang (jæng). Colgar.

Hang around (jæng eráund). Vagar sin un fin específico.

Hang gliding (jængláiding). Aladeltismo.

Hang on (jæng a:n). Esperar

Hang up (jæng ap). Colgar el teléfono.

Happy (jæpi). Feliz.

Harbor (já:rbe:r). Puerto

Hard (ja:rd). Difícil

Hard-working (já:rdwe:rking). Trabajador

Harmony (já:rmeni). Armonía.

Hat (jæt). Sombrero

Hate (jéit). Odiar

Head

Heavy

Heel

Have (jæv). Tener.

Have to(hæv te). Tener que.

Hazelnut (jéizelnat). Avellana.

He (ji:). Él.

Head (jed). Cabeza.

Head for (jed fo:r). Ir hacia un lugar.

Headache (jédeik). Dolor de cabeza.

Headlight (jédlait). Luz.

Headline (jédláin). Titular

Headmaster (jédmæste:r). Director de una escuela.

Health (jélz). Salud

Hear (jier). Oir.

Hearing (jiring). Audición.

Hearing (jiring). Audiencia.

Heart attack (ha:rt etá:k). Infarto

Heart disease (há:rt dizí:z). Enfermedad del corazón.

Heat (ji:t). Calentar.

Heat (ji:t). Calor.

Heat up (ji:t ap).Calentar un alimento o una bebida

Heat wave (ji:t wéiv). Ola de calor.

Heavy (jévi). Gordo.

Heavy (jévi). Pesado.

Heel (ji:l). Taco.

Heel (ji:l). Talón.

Hello (jelóu). Hola

Help (jelp). Ayudar.

Help (jelp).ayuda.

History

Hockey

Holiday

Help out (jélp áut). Ayudar.

Hepatitis (jepetáiris). Hepatitis.

Her (je:r). La, le, a ella

Her (je:r). Su (de ella).

Herb (jérb). Hierba aromática

Here (jir). Aquí, acá.

Herring (jéring). Arenque.

Hers (je:rz). De ella.

Hi (jái). Hola

Hiccup (jíkap). Hipo.

High (jái). Alto.

High school (jái sku:l). Escuela secundaria.

Highway (jáiwei). Autopista.

Hiking (jáiking). Excursionismo.

Him (jim). Lo,le a él.

Hip (jip). Cadera.

Hire (jáir). Alquilar

Hire (jáir). Contratar

His (jiz). Su (de él).

History (jíste:ri). Historia.

Hobby (já:bi). Hobby.

Hockey (já:ki). Hockey.

Hole (jóul). Agujero.

Holiday (já:lidei). Feriado

Holiday (já:lidei). Vacaciones.

Home (jóum). Hogar.

Home appliances (jóum epláiens). Artefacto para el hogar.

Homemade

Horse

House

Home page (jóum péish). Página de inicio.

Homemade (jóumméid). Casero.

Homesick (jóumsik). Nostalgioso.

Hometown (jóumtaun). Ciudad natal

Homework (jóumwe:k). Tareas del estudiante.

Homicide (já:mesáid). Homicidio.

Honest (á:nest). Honesto.

Honesty (á:nesti). Honestidad

Honor (á:ner). Honor

Hood (ju:d)). Capot.

Hope (jóup). Esperanza.

Hope (jóup). Esperar

Horror (jó:re:r). Horror.

Horse (jo:rs). Caballo.

Horse racing (jo:rs réising) Carrera de caballos

Horseback riding (jó:rsbæk ráiding) Equitación

Host (jóust). Anfitrión.

Host (jóust). Presentador

Hot (ja:t). Caliente

Hot (ja:t). Caluroso

Hotel (joutél). Hotel

Hour (áur). Hora.

House (jáuz). Casa.

Housekeeper (jáuz ki:pe:r). Ama de llaves.

How (jáu). ¿Cómo?

How far (jáu fa:r).¿A qué distancia?

How long (jáu la:ng).¿Cuánto tiempo?

Humor

Hurricane

How many (jáu méni).¿Cuántos?

How much (jáu mach).¿Cuánto?

How often? (jáu a:ften).¿Cuántas veces?

How old? (jáu óuld).¿Cuántos años?

Humor (jiu:me:r) Humor.

Hundred (já:ndred). Cien.

Hunting (jánting).Caza.

Hurricane (járikéin). Huracán.

Hurricane hunter. (járikéin hánte:r). Cazador de huracanes.

Hurt (he:rt). Doler.

Husband (jázbend). Esposo

Hymn (jim). Himno

Hypocrite (jípekrit). Hipócrita.

I

I (ái).Yo

I.D.card (ái di: ka:rd). Documento de identidad

Ice (áis). Hielo.

Ice cream (áis kri:m). Helado

Ice hockey (áis ja:ki). Hockey sobre hielo.

Ice hockey (áis já:ki). Hockey sobre hielo.

Ice skating (áis skéiting). Patinaje sobre hielo.

Ice skating (áis skéiting). Patinaje sobre hielo.

Iced tea (aís ti:). Té helado.

Ice cream

Idea

Impolite

Industry

Idea (aidíe). Idea

Illness (ílnes). Enfermedad

Imaginative (imæshíneriv). Imaginativo.

Imagine (imæshin). Imaginar

Immediate (imí:diet). Inmediato.

Immigration (imigréishen). Inmigración.

Impatient (impéishent). Impaciente.

Impolite (impeláit). Maleducado.

Important (impó:rtent). Importante

Improve (imprú:v). Mejorar

Impulse (ímpals). Impulso.

In (in).en.

In fact (in f ækt). De hecho.

In front of (in fran:t ev). Enfrente de

Inch (inch). Pulgada.

Income (ínkam). Ingreso.

Increase (inkrí:s). Aumentar.

Increase (ínkri:s). Aumento

Incredible (inkrédibel). Increíble

Indecisive (indisáisiv). Indeciso.

Indigent (índishent). Indigente

Indigestion (indishéschen). Indigestión

Industry (índestri). Industria

Inexpensive (inekspénsiv). Barato.

Information (infe:rméishen). Información

Infraction (infrækshen). Infracción.

Ingredient

Instrument

International

Ingredient (ingri:dient). Ingrediente.

Inhale (injéil). Inhalar.

Injury (ínsheri). Herida.

Ink (ink). Tinta

Innocent (ínesent). Inocente

Insect (ínsekt). Insecto

Installment (instá:lment). Cuota

Instructor (instrákte:r). Instructor

Instrument (ínstrement). Instrumento

Insurance (inshó:rens). Seguro

Intelligent (intélishent). Inteligente

Interest (íntrest). Interés.

Interest rate (íntrest réit). Tasa de interés

Interesting (íntresting). Interesante

International (inte:rnæshenel). Internacional

Internet (íne:rnet). Internet

Interpreter (inté:rprite:r). Intérprete

Intersection (íne:rsékshen). Cruce de calles

Interview (ínner:viu:). Entrevista

Into (íntu:). Dentro

Introduce (intredu:s). Presentar

Invent (invént). Inventar

Invention (invénshen). Invención.

Invitation (invitéishen). Invitación

Invite (inváit). Invitar

Iron (áiren). Hierro.

Iron

Iron (áiren). Planchar

Irresponsible (irispá:nsible). Irresponsable.

Irritated (íritéirid). Irritado.

Is (is). Es.

It (it). Lo/le (a ello).

Itch (ich). Picar.

Its (its). Su (de animal, cosa o situación.).

J

Jail

Jacket (**sh**ækit). Chaqueta

Jail (**sh**éil). Prisión

Jam (**sh**æm). Mermelada

January (**sh**ænyu:eri). Enero

Jar (**sh**a:r). Frasco

Jaw (**sh**a:). Mandíbula

Jealous (**sh**éles) Celoso.

Jeans (**sh**inz). Pantalones de jean

Jelly (**sh**éli) jalea.

Jigsaw puzzle (**sh**igsa: pázel) Rompecabezas

Job (sha:b). Trabajo

Jogging (**sh**a:ging). Salir a correr.

Join (**sh**oin). Unirse.

Joke (**sh**óuk). Chiste, broma.

Judge (**shash**). Juez

Juice

Juice (**sh**u:s). Jugo.

Justice

July (shelái). Julio

Jump (shamp). Saltar.

Jump (shamp). Salto.

June (shu:n). Junio

Juror (shu:re:r). Miembro del jurado

Jury (shu:ri). Jurado

Just (sha:st). Recién

Justice (shástis). Justicia

K

Karate (kerá:ri). Karate.

Keep away (ki:p ewái). Mantenerse alejado

Keep track of (ki:p træk ev). Controlar.

Keep up with (ki:p ap wid). Mantener el ritmo

Keep up with (ki:p ap wid). Mantenerse al día.

Key (ki:). Llave

Kick (kik). Patear.

Karate

Kick off (kik a:f). Comenzar.

Kid (kid). Niño, chico.

Kidnap (kidnæp). Secuestrar.

Kidnapper (kidnæpe:r). Secuestrador.

Kidnapping (kidnæping). Secuestro.

Kill (kil). Matar

Key

Killer (kile:r). Asesino.

Knife

Kilogram (kílegræm). Kilogramo

Kilometer (kilá:mire:r). Kilómetro

Kind (káind). Amable.

Kiss (kis). Besar.

Kitchen (kíchen). Cocina

Knee (ni:). Rodilla

Knife (náif). Cuchillo

Knitting (níting).Tejer.

Knock (na:k). Golpear repetidamente

Knock down (na:k dáun). Derribar.

Knock out (na:k áut). Golpear a alguien hasta que se desvanece.

Knock out (na:k áut). Trabajar mucho.

Know (nóu). Conocer a alguien.

Know (nóu). Saber.

Knowledge (ná:lish). Conocimientos

Knock out

L

Lamp

Labor (léibe:r). Laboral.

Labor (léibe:r). Trabajo de parto.

Lamb (læm). Cordero

Lamp (læmp). Lámpara

Land (lænd). Tierra.

Landlady (lændléidi). Locadora.

Laugh

Landlord (lǽndlo:rd). Locador.

Lane (léin). Carril de una autopista

Language (lǽnguish). Idioma

Large (la:rsh). Grande

Last (lǽst). Último

Last name (lǽst néim). Apellido

Late (léit). Tarde

Laugh (lǽf). Reír

Laughter (lǽfte:r). Risa

Law (la:). Derecho.

Law (la:). Ley

Lawful (lá:fel). Legal.

Lawful (lá:fel). Legítimo.

Lawn (la:n). Césped

Lawyer (la:ye:r). Abogado.

Learn

Lay (léi). Colocar.

Lay off (léi a:f). Despedir del trabajo.

Lead (li:d). Liderar.

Learn (le:rn). Aprender.

Leather (léde:r). Cuero

Leave (li:v). Dejar

Leave (li:v). Partir

Left (left). Izquierda

Leg (leg). Pierna

Legal (lí:gel). Legal

Lemon (lémen). Limón

Lemonade

Lemonade (lémeneid). Limonada

Lick

Lie back

Liquid

Lend (lénd). Prestar

Less (les). Menos

Let down (let dáun). Desilusionar.

Letter (lére:r). Carta.

Letter (lére:r). Letra.

Lettuce (léres). Lechuga

Level (lével). Nivel

Lick (lik). Lamer

Lie (lái). Acostarse.

Lie (lái). Mentir.

Lie back (lái bæk). Recostarse.

Lie behind (lái bi:jáind). Subyacer.

Lie down (lái dáun). Acostarse.

Lifeguard (láifgá:rd). Guardavida.

Lift (lift). Levantar.

Light (láit). Luz.

Light blue (láit blu:). Celeste

Light brown (láit bráun). Castaño claro.

Light fixture (láit fiksche:r). Lámparas de techo.

Light-hearted (láit ja:rid). Alegre.

Lightning (láitning). Relámpago.

Like (láik). Como.

Like (láik). Gustar

Limit (límit). Límite

Line (láin). Fila.

Line (láin). Línea.

Lion (láien). León.

Liquid (líkwid). Liquido.

Lobster

Look after

Love

List (list). Lista

Listen (lísen).escuchar

Little (lírel). Pequeño

Live (liv). Vivir

Living room (líving ru:m). Sala de estar

Loan (lóun). Préstamo.

Lobby (lá:bi). Lobby

Lobster (lá:bste:r). Langosta.

Log in (la:g in). Comenzar sesión en un sitio de Internet

Log off (la:g a:f). Terminar sesión en sitio de Internet.

Log on (la:g a:n). Comenzar sesión en un sitio de Internet

Log out (la:g áut). Terminar sesión en un sitio de Internet.

Lonely (lóunli). Solitario

Long (lan:g). Largo

Look (luk). Mirar

Look after (luk æfte:r). Cuidar.

Look around (luk eráund). Recorrer

Look for (luk fo:r). Buscar

Look forward to (luk fó:rwe:rd tu:). Esperar ansiosamente

Look like (luk láik). Parecerse

Look up (luk ap). Buscar en un diccionario.

Look up to (luk ap tu:). Admirar.

Lose (lu:z). Perder

Loss (la:s). Pérdida.

Lost (lost). Perdido.

Love (lav). Amar

Love (lav). Amor.

Luck

Love (lav). Encantar

Lover (lave:r) Amante.

Loveseat (lávsi:t). Sillón de dos cuerpos.

Low (lóu). Bajo

Low-fat (lóu fæt). Bajo contenido graso.

Loyal (lóiel). Leal.

Loyalty (lóielti). Lealtad.

Luck (lak). Suerte

Lucky (láki). Afortunado

M

Madam

Ma'am (mem). Señora.

Machine (meshín). Máquina

Mad (mæd). Furioso.

Madam (mædem). Señora

Magazine (mægezí:n). Revista.

Maid (méid). Empleada doméstica

Mail (méil). Correo

Mail (méil). Enviar por correo

Mailing list (méiling list). Lista de correo.

Mailman (méilmen). Cartero

Main (méin). Principal

Main dish (méin dish). Plato principal

Mail

Make (méik). Hacer.

Man

Market

Massage

Make (méik). Marca

Make off with (méik a:f wid).Robar

Make out (méikáut). Entender con dificultad.

Make up (méik **a**p). Inventar una excusa.

Make up for (méik **a**p fo:r). Compensar

Make up with (meik **a**p wid). Amigarse con alguien.

Man (mæn). Hombre

Manager (mæni**sh**e:r). Gerente.

Mango (mængou). Mango.

Manicurist (meníkiu:rist). Manicura

Manufacturer (mænyufækche:re:r). Fabricante

Many (mæni). Muchos.

March (ma:rch). Marzo

Marinade (mærine**i**d). Marinar.

Mark (ma:rk). Nota.

Mark (ma:rk). Puntaje.

Market (má:rket). Mercado.

Marmalade (Má:rmele**i**d). Mermelada

Married (m**é**r**i**d).Casado.

Martial arts (má:rshel a:rts). Artes marciales.

Mass (mæs). Masa.

Mass (mæs). Misa

Mass media (mæs mi:**d**ie). Medios de comunicación masiva.

Massage (mesá:**sh**). Masaje

Match (mæch). Combinar

Match (mæch). Partido

May (méi). Poder (para pedir permiso).

Measure

May (méi). Mayo

Mayor (méie:r). Alcalde.

Me (mi:). Me, a mí

Meal (mi:l). Comida

Mean (mi:n). Significar

Meaning (mi:ning). Significado

Measure (méshe:r) medida.

Measure (méshe:r). Medir.

Measurement (méshe:rment). Medida

Meat (mi:t). Carne

Mechanic (mekænik). Mecánico

Media (mi:die). Medios de comunicación.

Medicine (médisen). Medicina.

Medium (mi:diem). Mediano

Medium (mí:diem). Medianamente cocida

Meet (mi:t). Conocer a alguien

Meet (mi:t). Encontrarse con alguien

Meeting (mí:ting). Reunión

Melon (mélen). Melón

Melt (mélt). Derretir.

Men(men). Hombres

Menu. (ményu:). Menú.

Mess (mes). Desorden

Message (mésish). Mensaje

Metal (mérel). Metal

Microwave oven (máikreweiv óuven). Horno a microondas

Mile (máil). Milla

Milk (milk). Leche.

Meat

Microwave oven

Milk shake

Mince

Money

Milk shake (milk shéik). Licuado.

Millimeter (mílimi:re:r). Milímetro

Million (mílien). Millón

Mince (míns) picar.

Mine (máin). Mío/a

Mirror (míre:r). Espejo

Miss (mis). Señorita

Mix (miks).Mezclar.

Mix up (miks ap). Desordenar.

Mix up (miks ap).Confundir.

Mixed (míkst). Mezclado.

Mixture (míksche:r). Mezcla

Model (má:del). Modelo

Mold (móuld). Moho.

Moment (móument). Momento

Monday (mándei). Lunes

Money (máni). Dinero.

Money order (máni ó:rde:r). Giro postal

Money Transfer (máni trænsfe:r). Transferencias de dinero

Monkey (mánkei). Mono.

Month (mánz). Mes

Monthly payment (mánzli péiment) Pago mensual

Mood (mu:d). Estado de ánimo.

Moon (mu:n). Luna

More (mo:r). Más

Morning (mo:rning). Mañana

Mortgage (mo:rgish). Hipoteca

Mother

Mosquito (meskí:reu). Mosquito.

Mother (máde:r).madre

Motorboat (móure:rbout). Lancha.

Mountaineering (maunteníring). Alpinismo.

Mouse (máus). Ratón

Moustache (mástæsh). Bigote.

Mouth (máuz). Boca

Move (mu:v). Mover

Move (mu:v). Mudarse.

Move away (mu:v ewái). Mudarse.

Move in (mu:v in). Vivir en un lugar nuevo.

Move out (mu:v áut). Salir del paso

Movement (mu:vment). Movimiento.

Movie (mu:vi). Película

Mr. (míste:r). Señor.

Mouse

Mrs. (mísiz). Señora.

Ms. (mez). Señora o señorita.

Much (ma:ch). Mucho.

Mug (mag). Asaltar.

Mug (mag). Tazón.

Mugger (máge:r). Asaltante.

Mumps (mámps). Paperas

Murder (mé:rde:r). Asesinar.

Murder (mé:rde:r). Asesinato.

Murderer (mé:rdere:r). Asesino.

Muscle (másel). Músculo

Mug

Museum (myu:ziem). Museo

Mushroom (máshru:m). Hongo

Music (myu:zik). Música

Must (mast). Deber, estar obligado a.

My (mái). Mi.

Mystery (místeri). Misterio.

Mushroom

N

Nail

Nail (néil). Clavo

Nail (néil). Uña.

Name (néim). Nombrar.

Name (néim). Nombre

Name after (néim á:fte:r). Ponerle el nombre de un familiar.

Nanny (næni). Niñera

Nation (néishen). Nación

Nationalities (næshenæliri). Nacionalidad.

Naturalization (næchera:laizéishen). Naturalización.

Nature (néiche:r). Naturaleza.

Navigate (nævigéit). Navegar.

Navy blue (néivi blu:). Azul marino.

Near (nir). Cerca

Necessary (néseseri). Necesario

Neck (nek). Cuello

Need (ni:d). Necesitar

Nanny

Neither... nor (ní:de:r/náide:r...no:r) Ni...ni

New Year

Newspaper

Night

Nephew (néfyu:). Sobrino

Nervous (nérves). Nervioso.

Network (nétwe:rk). Red.

Never (néve:r). Nunca

New (nu:). Nuevo

New Year (nu: yir). Año Nuevo

News (nu:z). Noticias

Newspaper (nu:spéiper). Diario

Next (nékst). Próximo

Next to (neks te). Al lado de

Nice (náis). Agradable

Nickel (níkel). Cinco centavos de dólar

Niece (ni:s). Sobrina

Night (náit). Noche

Nightstand (náitstænd). Mesita de noche.

Nine (náin). Nueve

Nineteen (naintí:n). Diecinueve

Ninety (náinri). Noventa

Ninth (náinz). Noveno

No (nou). No.

Noise (nóiz). Ruido

Non-alcoholic (na:n elkejóulik). Sin alcohol.

Nonresident (na:nrézident). No residente.

Nose (nóuz). Nariz

Nostrils (ná:strils). Fosas nasales.

Not (not). No.

Nurse

Nut

Notary (nóure:ri). Notario

Nothing (názing). Nada

Notify (nóurefái). Notificar.

November (nouvémbe:r). Noviembre

Number (namber). Número.

Nurse (ners). Enfermera

Nut (nat). Tuerca

Nutmeg (nátmeg). Nuez moscada.

Nutritious (nu:tríshes). Nutritivo

O

O.K. (óu kéi). De acuerdo

O.K. (óu kéi). Muy bien.

O.T.C (óu ti: si:). Medicinas de venta libre.

O'clock (eklá:k). En punto

Oath (óuz). Juramento.

Obese (oubí:s). Obeso.

Obesity (oubí:se:ri). Obesidad

October (a:któube:r). Octubre

Octopus (ektá:pes). Pulpo.

Of (ev). De

Offer (á:fe:r). Oferta

Office (á:fis). Oficina

Office clerk (a:fis kle:rk). Empleado de oficina

Official (efíshel). Oficial

Octopus

On sale

Onion

Operate

Often (á:ften). A menudo

Oil (óil). Aceite

Old (óuld). Viejo.

On (a:n). Sobre

On bail (a:n béil). Libertad bajo fianza

On parole (a:n peróul). Libertad bajo palabra

On probation (a:n proubéishen). Libertad condicional

On sale (a:n séil). En liquidación.

Once (uáns). Una vez

One (wan). Uno

Onion (á:nyon). Cebolla

Only (óunli). Solamente

Open (óupen). Abrir

Operate (á:pereit). Operar

Opportunity (epertú:neri). Oportunidad

Optimistic (a:ptimístik). Optimista.

Option (á:pshen). Opción

Or (o:r). O

Orange (á:rinsh). Anaranjado

Orange (á:rinsh). Naranja

Order (á:rde:r). Ordenar

Oregano (o:régene). Orégano

Organic (o:rgænik). Orgánico.

Other (á:de:r). Otro

Ounce (áuns). Onza

Our (áuer). Nuestro.

Ours (áuers). Nuestro.

Out (áut). Afuera

Outgoing (autgóuing). Extrovertido.

Overcoat

Outside (autsáid). Afuera

Oven (óuven). Horno

Over (óuve:r). Por encima

Over there (óuve:r der). Por allá

Overcoat (óuve:rkout). Sobretodo.

Overdraft (óuverdraft). Sobregiro

Overweight (óuverweit). Excedido en peso

Oyster (óiste:r). Ostra

P

P. M (pi: em). Después del mediodía.

Pack (pæk). Paquete

Package (pækish). Paquete

Packaging (pækeshing). Embalaje

Page (péish). Página.

Painful (péinfel). Doloroso

Painless (péinless). Indoloro

Paint (péint). Pintar

Paint

Painting (péinting). Pintura.

Pair (per). Par

Pajamas (pishæ:mez). Pijama.

Pale (péil). Pálido.

Palm (pa:lm). Palma.

Pancake (pænkeik). Panqueques.

Pants (pænts). Pantalones largos

Pancake

Paper (péipe:r). Papel

Parachuting

Parrot

Party

Parachute (péreshu:t) paracaídas.

Parachuting (pereshú:ting). Paracaidismo.

Parents (pérents). Padres.

Park (pa:rk). Aparcar

Park (pa:rk). Parque

Park ranger (pa:rk réinshe:r). Guardaparques

Parking brake (pa:rking bréik). Freno de manos

Parking lot (pa:rking lot). Parqueo

Parrot (péret). Loro

Parsley (pá:rslei). Perejil

Part-time (pa:rt táim). Media jornada.

Party (pá:ri). Fiesta

Party (pá:ri). Partido político.

Pasar (pæs). Pasar (dar).

Pass (pæs). Aprobar

Pass (pæs). Pasar (atravesar).

Pass (pæs). Pasar (transcurrir).

Pass away (pæs ewéi). Morir

Pass by (pæs bái). Pasar por un lugar sin detenerse demasiado.

Pass on (pæs a:n). Evitar hacer algo.

Pass out (pæs áut). Desmayarse

Passport (pæspo:rt). Pasaporte

Password (pæswe:rd). Contraseña

Pasta (pæste). Pasta

Patient (péishent). Paciente

Pay (péi). Pagar

Pay back (péi bæk). Devolver dinero.

Peach

Pay for (péi fo:r). Pagar las consecuencias.

Pay off (péi a:f). Resultar beneficioso

Pea (pi:). Arveja

Peach (pi:ch). Melocotón.

Peacock (pí:ka:k). Pavo real.

Peanut (pí:nat). Maní.

Peanut butter (pí:nat báre:r) Manteca de maní

Pear (pér). Pera

Pedestrian (pedéstrien). Peatón

Pelvis (pélvis). Pelvis.

Pen (pen). Bolígrafo

Penalty fee (pénalti fi:). Multa.

Pencil (pénsil). Lápiz

Penny (péni). Un centavo de dólar

People (pí:pel). Gente

Pepper (pépe:r). Pimienta

Pepper (pépe:r). Pimiento

Per (per). Por

Perfect (pé:rfekt). Perfecto

Perfectly (pé:rfektli). Perfectamente

Permanent (pérmenent). Permanente.

Permit (pé:rmit). Permiso

Person (pé:rsen). Persona

Personal assistant (pé:rsenel asístent). Asistente personal

Pessimistic (pesimístik). Pesimista.

Pet (pet). Mascota.

Pencil

Pepper

Phone

Photograph

Piece

Pharmacist (fá:rmesist). Farmacéutico

Philosophy (filá:sefi). Filosofía.

Phone (fóun). Teléfono.

Phone card. (fóun ka:rd). Tarjeta telefónica.

Photo(fóure). Foto.

Photocopier (fóureka:pie:r). Fotocopiadora.

Photograph (fóuregræf). Fotografía.

Photographer (fetá:grefe:r). Fotógrafo.

Photography (foutóugrefi). Fotografía.

Physical (físikel). Física.

Physician (fizíshen). Médico

Pick at (pik æt). Comer muy poco.

Pick out (pik áut). Elegir.

Pick up (pik ap). Pasar a buscar.

Pick up (pik ap). Recoger

Picture (píkche:r). Cuadro

Picture (píkche:r). Foto.

Pie (pái). Pastel.

Piece (pi:s). Porción

Pig (pig). Cerdo

Pigeon (pí:shen). Paloma.

Pillow (pílou). Almohada.

Pilot (páilet). Piloto

Pineapple (páinæpl). Piña

Ping Pong (ping pa:ng).Tenis de mesa.

Pink (pink). Rosa

Plane

Place (pléis). Lugar

Plaintiff (pléintif). Demandante

Plan (plæn). Planificar

Plan (plæn). Plano

Plan on (plæn a:n). Planear.

Plane (pléin). Avión

Play (pléi). Jugar

Play back (pléi bæk). Repetir algo grabado.

Play down (pléi dáun). Quitar importancia.

Play off (pléi a:f). Jugar eliminatorias.

Play station (pléi stéishen). Juegos electrónicos.

Play up (pléi ap). Dar importancia.

Player (pléie:r). Jugador

Plumber

Pleasure(pléshe:r). Placer

Plug (plag). Enchufe

Plum (plam). Ciruela.

Plumber (pláme:r). Plomero

Poach (póuch). Cocinar a baño María.

Point (póint). Señalar

Poison (póisen). Envenenar.

Poison (póisen). Veneno

Pole (póul). Poste.

Police (pelí:s). Policía

Point

Policy (pá:lesi). Póliza

Polite (peláit). Cortés.

Pool

Pork

Pour

Politician (pa:letíshen). Político

Politics (pá:letiks). Política.

Poll (póul). Encuesta.

Pollution (pelú:shen). Polución.

Polo (póulou). Polo.

Pool (pu:l). Billar Americano.

Poor (pur). Pobre.

Popular (pa:pyu:le:r). Popular

Pork (po:rk). Cerdo

Port (po:rt) Puerto.

Post office (póust á:fis). Oficina de correos

Postman (póustmen). Cartero

Potato (petéirou). Papa

Pottery (pá:reri). Cerámica.

Pound (páund). Libra

Pour (po:r). Verter

Powerful (páue:rfel). Poderoso.

Prawn (pra:n). Langostino.

Prefer (prifé:r). Preferir

Preheat (pri:ji:t). Precalentar.

Prepaid (pripéd). Prepaga.

Prepare (pripé:r). Preparar

Prescription (preskrípshen). Receta médica

President (prézident). Presidente

Press (prés). Prensa

Press (prés). Presionar.

Press

Printer

Pumpkin

Pretty (príri). Bonito

Pretty (príri). Muy

Price (práis). Precio

Primary school (práime:ri sku:l) Escuela primaria

Printer (príne:r). Impresora

Priority (praió:reri). Prioridad.

Prison (prí:sen). Prisión

Problem (prá:blem). Problema

Procedure (presí:she:r). Procedimiento.

Product (prá:dekt). Producto.

Profession (preféshen). Profesión

Professional (preféshenel). Profesionales.

Programmer (prougræme:r). Programador

Promise (prá:mis). Prometer.

Prosecutor (prá:sikyú:re:r). Fiscal

Protection (pretékshen). Protección

Proud (práud). Orgulloso.

Provide (preváid). Proveer.

Provide for (preváid for:) Mantener económicamente.

Provider (preváide:r). Proveedor.

Psychiatrist (saikáietrist). Psiquiatra.

Psychology (saiká:leshi). Psicología.

Pull (pul). Tire

Pulse (pa:ls). Pulso.

Pumpkin (pá:mpkin). Calabaza.

Purchase (paercheis). Adquirir.

Purchaser (pe:rché:ser). Comprador.

Put away

Put down

Push (push). Empujar.

Push (push). Empuje

Put (put). Poner

Put aside (put esáid). Separar para un uso específico.

Put away (put ewéi). Guardar.

Put back (put bæk). Poner en su lugar.

Put down (put dáun). Apoyar en el piso.

Put down (put dáun). Bajar.

Put off (put a:f). Postergar.

Put on (put a:n). Aumentar.

Put on (put a:n). Ponerse la ropa

Put out (put áut). Apagar algo encendido.

Put up (pik ap). Levantar

Put up (put ap).Construir.

Put up with (put ap wid). Tolerar.

Puzzled (pá:zeld). Perplejo.

Q

Question

Quarter (kuá:re:r). Veinticinco centavos de dólar

Question (kuéschen). Pregunta

Quick (kuík). Rápido.

Quite (kuáit). Bastante

Rabbit (ræbit). Conejo.

R

Rabbit

Rainy

Receptionist

Radiation (reidiéishen). Radiación

Radiator (réidieire:r). Radiador

Radio (réidiou). Radio

Radioactivity (reidioæktíveri). Radioactividad.

Rain (réin). Lluvia

Raincoat (réinkout). Impermeable

Rainy (réini). Lluvioso

Raise (réiz). Levantar

Rape (réip). Violación (ataque sexual).

Rapist (réipist).Violador.

Rare (rer). Cocción jugosa.

Rarely (ré:rli). Raramente

Raspberry (ræspberi). Frambuesa.

Rate (réit). Tarifa.

Read (ri:d). Leer.

Ready (rédi). Listo

Really (ríeli). Realmente

Reapply (ri:eplái). Volver a solicitar.

Receive (risí:v). Recibir.

Receiver (risépte:r).Receptor.

Receptionist (risépshenist). Recepcionista

Recipe (résipi). Receta.

Recommend (rekeménd). Recomendar.

Recycle

Relationship

Religion

Rectangular (rektængyu:le:r). Rectangular

Recycle (risáikel). Reciclar.

Red (red). Rojo.

Red wine (red wáin). Vino tinto.

Red-haired (red jerd). Pelirrojo.

Reduce (ridú:s). Reducir.

Re-entry (riéntri). Reingreso.

Reference (réferens). Referencia.

Referral (riférel). Recomendación.

Refill (rifíl). Recargar.

Refrigerator (rifríshe:reire:r). Refrigerador

Refugee (réfyu:shi:). Refugiado.

Refund (rífand). Reembolso

Regular (régyu:ler). Regular

Regulation (regyu:léishen). Reglas

Relation (riléishen). Relación

Relationship (riléishenship). Relación.

Relax (rilæks). Descansar

Relaxed (rilækst). Relajado.

Relaxing (rilæksing). Relajado

Reliable (riláiebel). Confiable

Relieved (rili:vd). Aliviado.

Religion (rilí:shen). Religión.

Reluctant (riláktent). Reticente.

Remember (rimémbe:r). Recordar

Remind (rimáind). Hacer acordar.

Remote control (rimóut kentróul) Control remoto

Reporter

Ride

Ring

Rent (rent). Rentar

Repeat (ripí:t). Repetir

Reporter (ripó:re:r). Reportero

Republic (ripáblik). República.

Requirement (rikuáirment). Requisito

Reschedule (riskéshu:l). Reprogramar.

Resentful (riséntfel). Resentido.

Reservation (reze:rvéishen). Reserva.

Resident (rézident). Residente

Responsible (rispá:nsibel). Responsable

Rest (rest). Descansar

Restaurant (résteren). Restaurante.

Résumé (résyu:mei). Currículum vitae.

Retire (ritáir). Jubilarse.

Retirement (ritáirment). Jubilación.

Return (rité:rn). Devolver.

Review (riviú:). Revisión.

Rib (rib). Costillitas.

Rice (ráis). Arroz

Riddle (rídel). Adivinanza.

Ride (ráid). Andar en bicicleta o a caballo

Ride (ráid). Paseo.

Right (ráit). Correcto.

Right (ráit). Derecha.

Right here (ráit jir). Aquí mismo

Right now (ráit náu). Ahora mismo

Ring (ring). Anillo.

Ring (ring). Sonar

River

River (ríve:r). Río

Road (róud). Camino

Roast (róust). Cocinar al horno.

Robber (rá:be:r). Ladrón.

Robbery (rá:beri). Robo.

Rocker (rá:ke:r). Mecedora.

Roll (róul). Panecillo.

Romance (róumens). Romance.

Roof (ru:f). Techo.

Room (ru:m). Habitación

Roommate (rú:mmeit). Compañero de cuarto.

Rosé wine (rouzéi wáin). Vino rosado.

Rosemary (róuzmeri). Romero.

Round (ráund). Redondo

Rowing (róuing). Remo.

Rocker

Rude (ru:d). Maleducado.

Rug (rág). Alfombra pequeña

Rugby (rágbi). Rugby

Rum (ram). Ron

Run (ran). Correr

Run away (ran ewéi). Escapar

Run into (ran intu:). Encontrarse con alguien por casualidad.

Run out of (ran áut ev). Acabarse.

Run over (ran óuve:r). Atropellar

Ruthless (ru:zles). Cruel.

Sad (sæd). Triste

Run

S

Sailing

Salt

Satellite

Safe (séif). Caja de seguridad.

Safe (séif). Seguro.

Saffron (særen). Azafrán

Sailing (séiling). Navegación a vela.

Salad (sæled). Ensalada

Salesclerk (séilskle:k). Vendedor.

Salesperson (séilspe:rsen). Vendedor.

Salmon (sælmen). Salmón

Salt (sa:lt). Sal

Same (seim). Mismo.

Sardine (sá:rdain). Sardina.

Satellite (sætelait). Satélite

Satellite dish (sætelait dish). Antena satelital

Satisfied (særisfáid). Satisfecho.

Saturday (sære:rdei). Sábado

Save (séiv). Ahorrar

Save (séiv). Salvar

Savings account (séivingz ekáunt). Cuenta de ahorros

Saw (sa:). Serrucho

Say (séi). Decir

Scaffold (skæfeld). Andamio.

Scale (skéil). Balanza

Scam (skæm). Fraude informático.

Scissors

Screw driver

Seal

Scanner (skæne:r). Escáner

Scarf (ska:rf). Bufanda

School (sku:l). Escuela

Science (sáiens). Ciencia.

Science fiction (sáiens fíkshen). Ciencia ficción.

Scissors (sí:ze:rs). Tijera.

Scratch (skræch). Rascar.

Screw (skru:). Atornillar.

Screw driver (skru: dráive:r). Destornillador.

Screw up (skru: ap). Arruinar.

Sea (si:). Mar

Seafood (sí:fud). Frutos del mar

Seal (si:l). Sellar.

Seal (si:l). Sello.

Sear (sir). Freír con fuego fuerte.

Search (se:rch). Buscar.

Season (sí:zen). Estación del año.

Season (sí:zen). Temporada.

Seat (si:t). Asiento

Second (sékend). Segundo

Secondary school (sékende:ri sku:l). Escuela secundaria.

Secretary (sékrete:ri). Secretaria

Security guard (sekyú:riti ga:rd). Guardia de seguridad

See (si:). Ver

See out (si: áut) Acompañar a alguien hasta la puerta

See through (si: zru:). Continuar con algo hasta el final.

See to (si: tu:). Encargarse de algo.

Sell

Serve

Settle down

Seem (si:m). Parecer

Selective (siléktiv). Selectivo.

Self-centered (self séne:rd). Egocéntrico.

Self-confident (self ka:nfident) Seguro de sí mismo

Self-conscious (self ká:nshes). Inseguro.

Selfish (sélfish).Egoísta.

Sell (sel). Vender

Sell out (sel aút).Vender hasta agotar.

Seller (séle:r).Vendedor.

Send (sénd). Enviar.

Sender (sénde:r). Remitente.

Sense (séns). Sentido

Sensible (sénsibel). Sensato.

Sensitive (sénsitiv). Sensible.

Separate (sépe:reit). Separar.

September (septémbe:r). Septiembre

Serve (se:rv). Servir

Service (sé:rvis). Servicios

Set in (set in). Comenzar

Set off (set a:f). Hacer explotar

Set off (set a:f). Salir de viaje

Set out (set áut). Llevar a cabo.

Set up (set ap) Establecer.

Settle (sérl). Establecerse en un lugar.

Settle (sérl). Ponerse cómodo.

Settle down (sérl dáun). Calmarse.

Settle up (sérl ap). Pagar las deudas.

Sew

Seven (séven). Siete

Seventeen (seventí:n). Diecisiete

Seventh (sévenz). Séptimo

Seventy (séventi). Setenta

Sew (sóu). Coser

Sex (séks). Sexo.

Shabby (shæbi). Desprolijo.

Shake hands (shéik jændz). Dar la mano

Shark (sha:rk). Tiburón.

Shaving lotion (shéiving lóushen). Loción para afeitar

She (shi:). Ella

Sheep (shi:p). Oveja

Sheet (shi:t). Hoja de papel.

Sheet (shi:t). Sábana.

Shelf (shelf). Estante.

Sherry (shéri). Jerez

Shine (sháin). Brillar

Ship (ship). Barco.

Ship (ship). Enviar.

Shipment (shipment). Envío.

Shirt (shé:rt). Camisa

Shiver (shíve:r). Tiritar.

Shocked (sha:kt). Conmocionado.

Shoe (shu:). Zapato

Shop around (sha:p eráund). Salir de compras.

Shoplifter (shá:plifte:r). Ladrón de tiendas.

Shoplifting (shá:plifting). Hurto en tiendas.

Shark

Ship

Shopping

Shopping (shá:ping). Compras

Shopping center (sha:ping séne:r). Centro comercial.

Shopping list (shá:ping list). Lista de compras

Short (sho:rt). Bajo.

Short (sho:rt). Corto.

Shorten (sho:rten). Acortar.

Shorts (sho:rts). Pantalones cortos

Short-sighted (sho:rt sáirid). Corto de vista.

Should (shud). Deber (para dar consejos).

Shoulder (shóulde:r). Hombro

Show (shóu). Espectáculo

Show (shóu). Mostrar

Shorts

Show around (shóu eráund). Mostrar un lugar.

Show off (shóu a:f). Jactarse.

Show up (shóu ap). Llegar.

Shrimp (shrimp). Camarón.

Shut (shat). Cerrar

Shut up (shat ap). Callarse

Shy (shái). Tímido.

Sick (sik). Enfermo

Sideburn (sáidbe:rn). Patilla.

Sift (sift). Tamizar.

Sigh (sái). Suspirar.

Sight (sáit). Vista

Sign (sáin). Firmar

Shrimp

Sign up (sáin ap). Registrarse.

Singer

Simmer (síme:r). Cocinar con líquido.

Since (sins). Desde

Sing (sing). Cantar

Singer (sínge:r). Cantante

Sir (se:r). Señor

Sister (síste:r). Hermana

Sit (sit). Sentarse

Sitcom (sítkam). Comedia

Site (sáit). Sitio.

Six (síks). Seis

Sixteen (sikstí:n). Dieciséis

Sixth (síksz).sexto

Sixty (síksti). Sesenta

Size (sáiz). Talla

Sit

Skate (skéit). Patinar.

Skating (skéiring). Patinaje.

Skeptical (sképtikel). Escéptico.

Ski (ski:). Esquiar.

Skiing (ski:). Esquí sobre nieve.

Skill (skil). Habilidad

Skim milk (skim milk). Leche descremada.

Skin (skin). Piel

Skin care (skín ker).cuidado de la piel.

Skinny (skíni). Muy flaco.

Skirt (ske:rt). Falda

Skiing

Skull (skal). Cráneo.

Slipper

Smelly

Snail

Sky (skái). Cielo

Sledgehammer (sléshjæme:r). Maza

Sleep (sli:p). Dormir

Sleeve (sli:v). Manga.

Slim (slim). Delgado.

Slipper (slipe:r). Pantufla.

Slow down (slóu dáun). Disminuir el nivel de actividad.

Slow down (slóu dáun). Disminuir la marcha.

Slowly (slóuli). Lentamente

Small (sma:l). Pequeño

Smart (sma:rt). Inteligente.

Smell (smel). Oler.

Smelly (sméli). Oloroso.

Smog (sma:g). Smog

Smoke (smóuk). Fumar

Snail (snéil). Caracol

Snap (snæp). Chasquear los dedos.

Snap up (snæp ap) Comprar algo hasta que se agote

Sneaker (sni:ke:r). Zapato tenis.

Sneeze (sni:z). Estornudar

Snore (sno:r). Roncar

Snow (snóu). Nieve

Snowy (snóui). Nevoso

So (sóu). Así, de esta manera

So (sóu). Por lo tanto,

Soap (sóup). Jabón

Soccer

Sofa

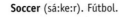

Soup

Soccer (sá:ke:r). Fútbol.

Social (sóushel). Social

Social Security (sóushel sekiurity). Seguro social.

Society (sesáieri). Sociedad

Socket (sá:kit). Tomacorriente

Socks (sa:ks). Calcetines

Soda (sóude). Refresco

Sofa (sóufe). Sofá.

Soft drink (sa:ft drink). Bebida sin alcohol.

Solar energy (sóule:r éne:rshi). Energía solar.

Sold (sóuld). Vendido

Soldier (sóulshe:r). Soldado

Sole (sóul). Lenguado

Sole (sóul). Planta del pie.

Some (sæm). Algunos.

Somebody (sámba:di). Alguien.

Someone (sámuen). Alguien.

Something (sámzing). Algo

Sometimes (sámtaimz). A veces

Son (san). Hijo

Song (sa:ng). Canción.

Soon (su:n). Pronto

Sore (so:r). Dolorido.

Sore throat (so:r zróut). Dolor de garganta

Sound (sáund). Sonar

Soup (su:p). Sopa.

Space (spéis). Espacio

Sport

Spam (spæm). Correo basura.

Speak (spi:k). Hablar

Special (spéshel). Especial

Speed (Spi:d). Moverse velozmente.

Speed (spi:d). Velocidad

Speed up (spi:d ap). Acelerar.

Spell (spel). Deletrear

Spend (spénd). Gastar

Spice (spáis). Especia

Spinster (spínste:r). Solterona.

Spit out (spit áut). Contar

Spit up (spit ap). Vomitar (un bebé).

Sport (spo:rt). Deporte.

Sportswear (spo:rtswer). Ropa deportiva.

Spread (spréd). Dispersar.

Spread (spréd). Untar.

Spring (spring). Primavera

Sprinkle (sprínkel). Espolvorear.

Spruce up (spru:s ap). Arreglar un lugar; arreglarse una persona.

Spyware (spáiwer). Software espía.

Square (skwér). Cuadrado

Squid (skwíd). Calamar.

Stair (stér). Escalera.

Stamp (stæmp). Estampilla.

Stand (stænd) Pararse.

Stand by (stænd). Apoyar a alguien.

Start (sta:rt). Comenzar

Spring

Stair

Steering wheel

Store

Straight

Starter (stá:re:r). Entrada

State (stéit). Estado

Station (stéishen). Estación

Stay (stéi). Estadía

Stay (stéi). Hospedarse

Stay (stéi). Quedarse.

Stay up (stéi ap). Quedarse levantado.

Steak (stéik). Filete.

Steal (sti:l). Robar.

Steam (sti:m). Vapor.

Steering wheel (stiring wi:l). Volante

Still (stil). Aún.

Still (stil). Todavía

Stir (ste:r). Revolver.

Stocky (sta:ki). Robusto.

Stomach (stá:mek). Estómago.

Stomachache (stá:mekeik). Dolor de estómago

Stool (stu:l). Banqueta.

Stop (sta:p). Parar.

Stop by (sta:p bái). Visitar por un corto período

Store (sto:r). Tienda.

Stove (stóuv). Cocina.

Straight (stréit). Derecho.

Straight (stréit). Lacio.

Straight-forward (stréit fó:rwe:rd). Derecho.

Straight-forward (stréit fó:rwe:rd). Frontal..

Stranger (stréinshe:r). Desconocido.

Strawberries

Suitcase

Sun

Strawberries (strá:beri). Fresas

Street (stri:t). Calle

String beans (string bi:ns). Chauchas.

Stubborn (stábe:rn). Terco.

Student (stú:dent). Estudiante

Study (stádi). Estudiar

Stuff (staf). Cosas por el estilo.

Stuff (staf). Rellenar.

Stuffed (stáft). Relleno.

Style (stáil). Estilo

Subject (sábshekt). Asunto

Subject (sábshekt). Materia

Subway (sábwei). Subterráneo.

Suck (sak). Chupar.

Suffer (sáfe:r). Sufrir

Sugar (shúge:r). Azúcar

Suggest (seshést). Sugerir

Suit (su:t). Quedar bien (una prenda).

Suit (su:t). Traje

Suitcase (sú:tkeis). Maleta

Summer (sáme:r). Verano

Sun (sán). Sol

Sunday (sándei). Domingo

Sunglasses (sánglæsiz). Anteojos de sol.

Sunny (sáni). Soleado

Supermarket (su:pe:rmá:rket). Supermercado

Supplement (sáplement). Suplemento.

Support (sepo:rt). Apoyo.

Surprise

Support (sepo:rt). Sustento.

Suppose (sepóuz). Suponer

Surf (se:rf). Navegar

Surprise (se:rpráiz). Sorpresa

Surprised (se:rpráizd). Sorprendido.

Suspect (sákspekt). Sospechoso.

Swallow (swálou). Tragar.

Swear (swer). Jurar.

Sweat (swet). Transpirar.

Sweater (suére:r). Suéter

Sweep (swi:p). Barrer

Sweet (swi:t). Dulce

Sweet potato (swi:t petéirou). Batata.

Swell (swél). Hincharse.

Swim

Swim (swim). Nadar

Swimming (swíming). Natación.

Swimming pool (swíming pu:l). Piscina

Sympathetic (simpezérik). Comprensivo.

T

T –shirt (ti: shé:rt). Camiseta

Table (téibel). Mesa

Table tennis (téibel ténis). Tenis de mesa.

Tactless (tӕktles). Sin tacto.

Tail (téil).cola (de un animal).

Table

Take

Tailor (téile:r). Sastre

Take (téik). Llevar

Take (téik). Tardar

Take (téik). Tomar.

Take after (téik a:fte:r) Parecerse a un familiar

Take away (téik ewéi). Quitar.

Take off (téik off). Levantar vuelo.

Take off (téik a:f). Quitarse la ropa.

Take out (téik áut). Obtener un préstamo.

Take out (téik áut). Quitar

Take out (téik áut). Sacar dinero de un banco

Take up (téik ap). Comenzar un hobby.

Take-out food (téik áut fu:d) Comida para llevar

Take off

Talk (ta:k). Conversar.

Talk into (ta:k intu:). Convencer a alguien de que haga algo.

Talk out of (ta:k áut ev). Convencer a alguien de que no haga algo.

Talk show (ta:k shóu). Programa de entrevistas

Tall (ta:l). Alto

Tangerine (tænsheri:n). Mandarina.

Target shooting (tá:rget shú:ring) Tiro al blanco

Taste (téist). Gusto

Taste (téist). Probar comida.

Tax (tæks). Impuesto

Taxi (tæksi). Taxi

Taxi driver (tæksi dráive:r). Conductor de taxi

Talk

Tea (ti:). Té

Telephone operator

Television

Tennis

Teach (ti:ch). Enseñar

Teacher (tí:che:r). Maestro.

Teacher (tí:che:r). Profesor

Tear (ter). Rasgar.

Tear (tir). Lágrima.

Tear apart (ter epá:rt) Destruir una construcción

Tear up (ter **a**p). Rasgar.

Technical (té**k**nikel). Técnico.

Technician (tekníshen). Técnico.

Teeth (ti:**z**). Dientes

Telephone (té**l**efóun). Teléfono.

Telephone operator (téléfóun a:peréire:r). Telefonista

Television (té**l**evishen). Televisor

Tell (te**l**). Decir.

Temperature (té**m**priche:r). Temperatura

Temple (té**m**pel). Sien.

Ten (te**n**). Diez

Tennis (té**n**is). Tenis

Tennis shoes (té**n**is shu:z). Zapatos tenis

Tenth (te**n**z). Décimo

Terrace (té**r**es). Terraza.

Terrible (té**r**ibel). Terrible.

Terrified (té**r**efaid). Aterrorizado.

Test drive (test **d**ráiv). Vuelta de prueba

That (dæt). Esa, ese, eso, aquella, aquel, aquello.

The (de). El, la, las, los.

Theater (**z**íe:re:r). Teatro

Theater

Theft (zeft). Robo.

Their (der). Su (de ellos/as).

Theirs (derz). Suyo/a.

Them (dem). Les, las, los, a ellos/as

Then (den). Entonces

Then (den). Luego.

There (der). Allá, allí

There are (der a:r). Hay (pl.).

There is (der iz). Hay (sing.)

These (di:z). Estas/estos

They (déi). Ellos/as

Thicken (zíken).Espesar.

Thief (zi:f).Ladrón.

Thief

Thigh (zái). Muslo.

Thing (zing). Cosa

Think (zink). Pensar

Think over (zink óuve:r) Pensar cuidadosamente

Third (zerd). Tercero

Thirteen (ze:rtí:n). Trece

Thirty (zé:ri). Treinta

This (dis). Esta/este/esto

Those (dóuz). Esas/os, aquellas/os

Thousand (záunsend). Mil

Threat (zret). Amenaza.

Three(zri:). Tres

Think over

Thriller (zrile:r). Suspenso.

Thunderstorm

Tie

Tire

Throat (zróut). Garganta.

Through (zru:). A través

Throw (zróu). Lanzar.

Throw away (zróu ewéi). Tirar a la basura.

Throw up (zróu áp). Vomitar

Throw up (zróu ap).Vomitar.

Thunder (zánde:r). Truenos

Thunderstorm (zánde:rsto:rm). Tormenta eléctrica

Thursday (zérzdei). Jueves

Thyme (táim). Tomillo.

Tidy (táidi). Ordenado.

Tidy (táidi). Ordenar un lugar.

Tie (tái). Corbata

Time (táim). Hora

Time (táim). Tiempo

Times (táimz). Veces

Tip (tip). Dejar propina

Tip (tip). Propina

Tip off (tip a:f). Informar en secreto

Tire (táie:r). Goma

Tired (taie:rd). Cansado

Tiring (táiring). Cansador

To (tu:). A.

To (tu:). Hacia.

To (tu:). Para.

Toast (tóust). Tostar.

Toilet paper

Toiletries

Today (tudei). Hoy.

Toe (tóu). Dedo del pie

Toilet (tóilet). Inodoro

Toilet paper (tóilet péipe:r). Papel higiénico.

Toiletries (tóiletri:z). Artículos de tocador

Toll (tóul). Peaje

Toll-free number (tóul fri: námbe:r). Número gratuito.

Tomato (teméirou). Tomate.

Tomb (tu:m). Tumba

Tomorrow (temórou). Mañana

Tongue (ta:ng). Lengua.

Tonight (tenáit). Esta noche

Too (tu:). También

Tool (tu:l). Herramienta.

Tooth (tu:z). Diente

Toothache (tú:zéik). Dolor de muelas

Toothpaste (tu:zpéist). Pasta dental

Tornado (te:rnéidou). Tornado.

Total (tóurel). Total

Touchy (táchi). Susceptible.

Tour (tur). Recorrido

Tour guide (tur gáid). Guía de turismo

Tourism (túrizem). Turismo

Toxic waste (tá:ksik wéist). Residuos tóxicos.

Traffic (træfik). Tránsito

Traffic light (træfik láit). Semáforo

Tomato

Train

Trendy

Truck

Traffic sign (træfik sáin). Señal de tránsito

Train (tréin). Tren

Transaction (trensækshen). Transacción.

Transfer (trænsfe:r). Transferir

Translator (trensléire:r). Traductor

Transportation (trænspo:rtéishen). Medios de transporte

Travel (trævel). Viajar

Travel agency (trævel éishensi). Agencia de turismo.

Travel agent (trævel éishent). Agente de turismo.

Tremble (trémbel). Temblar.

Trench coat (trench kóut). Gabardina.

Trendy (tréndi). A la moda.

Trespass (trespæs). Entrar ilegalmente.

Trespasser (trespæse:r). Intruso.

Trial (tráiel). Juicio.

Trip (trip). Viaje

Trout (tráut). Trucha.

Truck (trak). Camión.

Truck driver (trak dráive:r). Camionero

True (tru:). Verdadero

Trunk (tránk). Maletero

Trunk (tránk). Tronco.

Trunks (tránks). Traje de baño hombre).

Try (trái). Tratar.

Try out (trái áut). Probar.

Tsunami (senæmi). Maremoto.

Tsunami

Tub (tab). Bañera

Tube (tu:b). Tubo.

Tuesday (tu:zdei). Martes

Tuna (tu:ne). Atún.

Turkey (té:rki). Pavo.

Turn (te:rn). Doblar.

Turn down (te:rn dáun). Rechazar

Turn off (te:rn a:f). Apagar.

Turn off (te:rn a:f). Cerrar (una llave de paso).

Turn on (te:rn a:n). Abrir una llave de paso.

Turn on (te:rn a:n). Encender.

Turn out (te:rn áut). Resultar.

Turn up (te:rn ap). Llegar.

Turnpike (té:rnpaik). Autopista con peaje

Tuxedo (taksí:dou). Traje de etiqueta.

Twelve (twélv). Doce

Twenty (twéni). Veinte

Twice (tuáis). Dos veces

Two (tu:). Dos

Typical (típikel). Típico

Tub

Turkey

U

Umbrella

University

Upset

Ulcer (álse:r). Úlcera

Umbrella (ambréle). Paraguas

Uncle (ánkel). Tío

Under (ánde:r). Debajo

Understand (anderstænd). Entender

Unfriendly (anfréndli). Antipático.

Unhappy (anjæpi). Infeliz.

Union (yú:nien). Sindicato

United (yu:náirid). Unido.

Universal (yu:nivé:rsel). Universal

University (yu:nivé:rsiri). Universidad

Unpleasant (anplésent). Antipático.

Unreliable (anriláiebel). Poco confiable.

Untidy (antáidi). Desordenado.

Up (ap). Arriba

Upset (apsét). Disgustado.

Us (as). A nosotros.

Use (iu:s). Usar.

User Id (yu:ze:r ái di:). Nombre del usuario.

Usual (yú:shuel). Usual

Usually (yu:shueli). Usualmente

V

Vacuum cleaner

Vegetables

Volleyball

Vacation (veikéishen). Vacación

Vacuum (vækyú:m). Pasar la aspiradora

Vacuum cleaner (vækyu:m kli:ne:r). Aspiradora

Vain (véin). Presumido.

Vandal (vændel). Vándalo.

Vandalism (vændelizem). Vandalismo.

Vandalize (vændelaiz.). Destrozar.

Vegetables (véshetebels). Verduras

Verdict (vé:rdikt). Veredicto

Very (véri). Muy

Vest (vest). Chaleco.

Vet (vet). Veterinario

Veterinarian (vete:riné:rian). Veterinario.

Video game (vídi:o géim). Juego de video.

View (viú). Vista

Village (vílish). Villa

Vinegar (vínige:r). Vinagre

Violate (váieléit). Violar una ley.

Violator (váieléire:r). Violador.

Virus (váires).Virus.

Visit (vízit). Visitar

Voice(vóis). Voz

Volleyball (vá:liba:l). Voleibol.

W

Walk

Wash

Watermelon

Waist (wéist). Cintura

Wait (wéit). Esperar

Waiter (wéire:r). Mesero

Waitress (wéitres). Mesera

Walk (wa:k). Caminar

Walk away (wa:k ewéi). Marcharse.

Wall (wa:l). Pared

Walnut (wa:lnut). Nuez.

Want (wa:nt). Querer

Warm (wa:rm). Cálido

Warm (wa:rm). Calentar

Warm up (wa:rm **a**p). Calentar algo

Warm up (wa:rm **a**p). Entrar en calor.

Warm up to (wa:rm **a**p tu:). Comenzar a agradar una persona o una idea.

Was (wos). Era, fue.

Wash (wa:sh). Lavar

Wash down (wa:sh **d**áun). Beber un líquido para bajar la comida

Washing machine (wa:shing meshín). Lavarropas

Waste (wéist). Malgastar dinero

Watch (wa:ch). Mirar

Water (wá:re:r). Agua

Water ski (wá:re:r ski:). Esquí acuático.

Watermelon (wá:re:r m**é**len). Sandía.

Weather

Weigh

Wheelchair

Waterproof (wá:re:rpru:f). Impermeable

Wavy (wéivi). Ondulado

Way (wéi). Camino

Way (wéi). Manera

We (wi:). Nosotros.

Weapon (wépen). Arma.

Wear (wer). Usar ropa

Weather (wéde:r). Tiempo

Weather forecast (wéde:r fó:rkæst). Pronóstico del tiempo

Wednesday (wénzdei). Miércoles

Week (wi:k). Semana

Weekend (wí:kend). Fin de semana

Weigh (wéi). Pesar

Weight (wéit). Peso

Weight lifting (wéit lífting). Levantar pesas.

Welcome (wélcam). Bienvenido

Well (wel). Bien

Well done (wel dan). Bien cocida

Wet (wet). Húmedo

What (wa:t). ¿Qué?

What kind of...? (wa:t káindev). ¿Qué clase de... ?

Wheel (wi:l). Rueda

Wheelchair (wí:lche:r). Silla de ruedas

When (wen). ¿Cuándo?

Where (wer). ¿Dónde?

Which (wích). ¿Cuál ?

While (wáil). Mientras

Whip

Whip (wip). Batir.

White (wáit). Blanco

White bread (wáit bred). Pan blanco.

White wine (wáit wáin). Vino blanco.

Who (ju:). ¿Quién?

Whole (jóul). Entero

Whole milk (jóul milk). Leche entera.

Whole wheat (jóul bred). Pan integral.

Whose (ju:z). ¿De quién?

Why (wái). ¿Por qué?

Widow (wídou). Viuda

Widower (widoue:r). Viudo

Wife (wáif). Esposa

Will (wil). Auxiliar para el futuro

Wind (wind). Viento

Window (wíndou). Ventana

Windshield (wíndshi:ld). Parabrisas

Windy (wíndi). Ventoso

Wine

Wine (wáin). Vino

Wink (wink). Guiñar un ojo.

Winter (wíne:r). Invierno

Wire (wáir). Girar dinero

Wire (wáir). Alambre

With (wid). Con

Withdraw (widdra:). Retirar dinero

Without (widáut). Sin

Witness (wítnes). Testigo

Winter

Wood

Work out

Write

Woman (wumen). Mujer

Womb (wu:m). Útero.

Wood (wud). Madera

Word (word). Palabra.

Work (we:rk). Trabajar

Work (we:rk). Trabajo

Work out (we:rk áut). Calcular (una cantidad).

Work out (we:rk áut). Desarrollar.

Work out (we:rk áut). Funcionar (una situación).

Work out (we:rk áut). Hacer ejercicio físico

Work permit (we:rk pé:rmit). Permiso de trabajo.

World (we:rld). Mundo

Worried (wé:rid). Preocupado

Worry (wé:ri). Preocuparse

Worse (we:rs). Peor

Would (wud). Auxiliar para ofrecer o invitar

Wound (wu:nd). Herida (de arma).

Wrestling (résling).Lucha libre.

Wrist (rist). Muñeca

Write (ráit). Escribir

Wrong (ra:ng). Equivocado.

Wrong (ra:ng). Incorrecto.

Yoga

Young

Yard (ya:r**d**). Yarda

Yawn (ya:n). Bostezar.

Year (yir). Año

Yellow (y**é**lou). Amarillo

Yes (y**e**s). Sí

Yesterday (y**é**ster**d**ei). Ayer

Yet (y**e**t). Aún.

Yet (y**e**t). Todavía

Yield (yil**d**). Ceder el paso

Yoga (yóuge). Yoga

Yoghurt (yóuge:rt). Yogur

You (yu:). Te, a ti, a usted., a ustedes.

You (yu:).Tú, usted, ustedes.

Young (ya:ng). Joven

Your (yo:r). Tu; su; de usted, de ustedes

Yours (yo:rz). Tuyo/a; suyo/a

Zip

Zero (zí:rou). Cero

Zip (zip). Cierre.

Zoo (zu:). Zoológico.

DICCIONARIO
ESENCIAL
ILUSTRADO
ESPAÑOL / INGLÉS

A

A la moda

Abeja

A la moda. Fashionable (fæshenebel).

A la moda. Trendy (tréndi).

A menudo. Often (á:ften).

¿A qué distancia? How far (jáu fa:r).

A través, en frente de. Across (ekrá:s).

A través. Through (zru:).

A veces. Sometimes (sámtaimz).

A, en. At (æt).

A. M. (antes del mediodía). A.M. (éi em).

Abajo. Down (dáun).

Abandonar los estudios. Drop out (dra:p áut).

Abeja. Bee (bi:).

Abogado. Attorney (eté:rnei).

Abogado. Lawyer (la:ye:r).

Abrigo. Coat (kóut).

Abril. April (éipril).

Abrir una llave de paso. Turn on (te:rn a:n)

Abrir. Open (óupen).

Absolución. Acquittal (ekwí:tel).

Absolutamente. Absolutely (æbselú:tli).

Abuela. Grandmother (grændmá:de:r).

Abuelo. Grandfather (grændfá:de:r).

Abuelos

Abuelos. Grandparents (grændpérents).

Aceite

Acompañar

Aeropuerto

Aburrido. Boring (bo:ring).

Acabarse. Run out of (ran áut ev).

Aceite. Oil (óil).

Acelerador. Accelerator (akséle:reire:r).

Acelerar. Speed up (spi:d ap).

Aceptar. Accept (eksépt).

Aceptar. Give up (giv ap).

Acerca de. About (ebáut).

Aclarar dudas. Clear up (klíe:r ap).

Aclarar. Clear (klíe:r).

Acompañar a alguien hasta la puerta. See out (si: áut)

Acompañar. Come along (kam elá:ng).

Acortar. Shorten (sho:rten).

Acostarse. Lie down (lái dáun).

Actor. Actor (ækte:r).

Actuar. Act (ækt).

Acuerdo. Agreement (egrí:ment).

Acusación. Charge (cha:rsh).

Acusado. Defendant (diféndent).

Aderezo. Dressing (drésing).

Adiós. Bye (bái).

Adivinanza. Brainteaser (bréinti:ze:r).

Adivinanza. Riddle (rídel).

Adivinar. Guess (ges).

Admirar. Look up to (luk ap tu:).

Adquirir. Purchase (paercheis)

Aduana. Customs (kástems).

Aeropuerto. Airport (érport).

Afuera

Agua

Ajo

Afectuoso. Affectionate (efékshenet).

Afortunado. Lucky (láki).

Afuera. Out (áut).

Afuera. Outside (autsáid).

Agencia de turismo. Travel agency (trævel éishensi).

Agencia. Agency (éishensi).

Agente de turismo. Travel agent (trævel éishent).

Agosto. August (o:gast).

Agradable. Nice (náis).

Agregar. Add (æd).

Agresivo. Aggressive (egrésiv).

Agua mineral. Bottled water (ba:rl wá:re:r)

Agua. Water (wá:re:r).

Águila. Eagle (i:gel).

Agujero. Hole (jóul).

Ahora mismo. Right now (ráit náu).

Ahorrar. Save (séiv).

Aire. Air (er).

Ajedrez. Chess (chess).

Ají picante. Chili (chili).

Ajo. Garlic (ga:rlik).

Ajustarse. Fasten (fæsen).

Ajuste. Adjustment (ed*sh*ástment).

Al lado de. Next to (neks te).

Aladeltismo. Hang gliding (jængláiding).

Alambre. Wire (wáir).

Albahaca. Basil (béisil).

Alfabeto

Aliento

Alpinismo

Albañil. Bricklayer (brikléie:r)

Alcalde. Mayor (méie:r).

Alcohol. Alcohol (ælkeja:l).

Alegre. Cheerful (chirfel).

Alegre. Light-hearted (láit ja:rid).

Alergia. Allergy (æle:rshi).

Alfabeto. Alphabet (ælfebet).

Alfombra pequeña. Rug (rág).

Alfombra. Carpet (ká:rpet).

Algo. Something (sámzing).

Alguien. Anybody (éniba:di). Nadie

Alguien. Somebody (sámba:di).

Alguien. Someone (sámuen).

Alguna vez. Ever (éve:r).

Algunos. Some (saem).

Aliento. Breath (brez).

Alimentar. Feed (fi:d).

Aliviado. Relieved (rili:vd).

Allá, allí. There (der).

Almendra. Almond (á:lmend).

Almohada. Pillow (pílou).

Almohadón. Cushion (kúshen).

Alpinismo. Mountaineering (maunteníring).

Alquilar. Hire (jáir).

Alrededor. Around (eráund).

Alto. High (jái).

Alto. Tall (ta:l).

Amar

Ama de llaves. Housekeeper (jáuz ki:pe:r).

Amable. Kind (káind).

Amante. Lover (lave:r)

Amar. Love (lav).

Amarillo. Yellow (yélou).

Ambicioso. Ambitious (æmbíshes)

Ambos. Both (bóuz).

Amenaza. Threat (zret).

Amiga. Girlfriend (gé:rlfrend).

Amigarse con alguien. Make up with (meik ap wid).

Amigo. Buddy (bári).

Amigo. Friend (frend).

Amistad. Friendship (fréndship).

Amor. Love (lav).

Amigo

Anaranjado. Orange (á:rinsh).

Anchoa. Anchovy (ænchevi).

Andamio. Scaffold (skæfeld).

Andar en bicicleta o a caballo. Ride (ráid).

Anfitrión. Host (jóust).

Anguila. Eel (i:l).

Anillo. Ring (ring).

Animal. Animal (ænimel).

Ansioso. Anxious (ænkshes).

Antebrazo. Forearm (fo:ra:rm).

Antecedentes. Background (bækgraund).

Antena satelital. Satellite dish (sætelait dish).

Anteojos de sol. Sunglasses (sánglæsiz).

Animal

Anteojos

Anteojos. Glasses (glǽsiz).

Antes. Before (bifo:r).

Antibiótico. Antibiotic (æntibaiá:rik).

Anticipo. Down payment (dáun péiment).

Antipático. Unfriendly (anfréndli).

Antipático. Unpleasant (anplésent).

Año Nuevo. New Year (nu: yir).

Año. Year (yir).

Apagar algo encendido. Put out (put áut).

Apagar. Turn off (te:rn a:f).

Aparcar. Park (pa:rk).

Apartamento. Apartment (apa:rtment).

Año Nuevo

Apelación. Appeal (epí:l).

Apellido. Last name (læst néim).

Apio. Celery (séleri).

Aplaudir. Clap (klæp).

Apoyar a alguien. Stand by (stænd).

Apoyar en el piso. Put down (put dáun).

Apoyar. Back up (bæk ap).

Apoyo. Support (sepo:rt).

Aprender. Learn (le:rn).

Aprobación. Approval (eprú:vel).

Aprobar. Pass (pæs).

Aquí mismo. Right here (ráit jir).

Aprender

Aquí, acá. Here (jir).

Arenque. Herring (jéring).

Arma. Gun (gan).

Arquitecto

Artefacto para el hogar

Artículos de tocador

Arma. Weapon (wépen).

Armonía. Harmony (já:rmeni).

Arquitecto. Architect (á:rkitekt).

Arreglar un lugar. Spruce up. (spru:s ap).

Arreglarse una persona. Spruce up (spru:s ap).

Arreglárselas. Get by (get bái).

Arriba de. Above (ebáv).

Arriba. Up (ap).

Arrogante. Arrogant (æregent).

Arroz. Rice (ráis).

Arruinar. Screw up (skru: ap).

Artefacto para el hogar. Home appliances (jóum epláiens).

Artes marciales. Martial arts (má:rshel a:rts)

Artesanía. Craft (kræft).

Artículos de tocador. Toiletries (tóiletri:z)

Artista. Artist (á:rist).

Arveja. Pea (pi:).

Asaltante. Mugger (máge:r).

Asaltar. Mug (mag).

Ascensor. Elevator (éleveire:r).

Asesinar. Murder (mé:rde:r).

Asesinato. Murder (mé:rde:r).

Asesino. Killer (kile:r).

Asesino. Murderer (mé:rdere:r).

Asesor. Consultant (kensáltent).

Asesor. Counselor (káunsele:r).

Así, de esta manera. So (sóu).

Aspiradora

Asiento. Seat (si:t).

Asistente personal. Personal assistant (pé:rsenel asístent).

Asistente. Assistant (esístent).

Aspiradora. Vacuum cleaner (vækyu:m kli:ne:r).

Aspirina. Aspirin (æspirin).

Asunto. Subject (sábshekt).

Asustado. Frightened (fráitend).

Ataque. Assault (aso:lt).

Ataque. Attack (etæk).

Atención. Attention (eténshen).

Aterrorizado. Terrified (térefaid).

Atornillar. Screw (skru:).

Atracción. Attraction (ete:rni).

Atrapar. Catch (kæch).

Atrás, espalda. Back (bæk).

Atrás. Ago (egóu).

Atrasarse. Fall behind (fa:l bijáind).

Atravesar una situación difícil con éxito. Come through (kam zru:).

Atropellar. Run over (ran óuve:r).

Atún. Tuna (tu:ne).

Audición. Hearing (jiring).

Audiencia. Hearing (jiring).

Aumentar. Build up (bild ap).

Aumentar. Go up (góu ap).

Aumentar. Increase (inkrí:s).

Aumentar. Put on (put a:n).

Aumento. Increase (ínkri:s).

Atrapar

Atún

Autobús

Autoridad

Avión

Aún. Still (stil).

Aún. Yet (yet).

Autobús. Bus (bas).

Automóvil. Car (ka:r).

Automovilismo. Car racing (ka:r réising).

Autopista con peaje. Turnpike (té:rnpaik).

Autopista. Freeway (frí:wei).

Autopista. Highway (jáiwei).

Autoridad. Authority (ezo:riti).

Autoritario. Bossy (ba:si).

Auxiliar del presente simple. Do (du:).

Auxiliar del presente simple. Does (dáz).

Auxiliar para el futuro. Will (wil).

Auxiliar para el pasado simple. Did (did).

Auxiliar para ofrecer o invitar. Would (wud)

Avellana. Hazelnut (jéizelnat).

Avenida. Avenue (ævenu:).

Aventura . Adventure (edvénche:r).

Avergonzado. Ashamed (eshéimd).

Avión. Plane (pléin).

Aviso clasificado. Classified ad (klæsifaid æd).

Aviso publicitario. Advertisement (ædve:rtáizment).

Aviso publicitario. Commercial (kemé:rshel).

Avisos publicitarios. Ad (æd).

Ayer. Yesterday (yésterdei).

Ayuda. Help (jelp).

Ayudar. Help (jelp).

Ayudar

Ayudar. Help out (jélp áut).

Azafata. Flight attendant (fláit aténdent).

Azafrán. Saffron (særen).

Azúcar. Sugar (shúge:r).

Azul marino. Navy blue (néivi blu:).

Azul. Blue(blu:).

B

Bacalao. Cod (ka:d).

Bahía. Bay (béi).

Bailar. Dance (dæns).

Baile. Dancing (dænsing).

Bajar archivos. Download (dáunloud).

Bajar de un transporte público. Get off (get a:f).

Bajar. Put down (put dáun).

Bajo contenido graso. Low-fat (lóu fæt).

Bajo. Low (lóu).

Bajo. Short (sho:rt).

Balanza. Scale (skéil).

Balcón terraza. Deck (dek).

Balcón. Balcony (bælkeni).

Bancarrota. Bankrupt (bænkrept).

Banco. Bank (bænk).

Bailar

Balanza

Bañarse

Banda ancha de Internet. Broadband (bro:dbænd)

Banda autoadhesiva protectora. Band aid (bænd éid).

Banqueta. Stool (stu:l).

Bañarse. Bathe (béid).

Bañera. Bathtub (bæztab).

Bañera. Tub (tab).

Barato. Inexpensive (inekspénsiv).

Barato. Cheap (chi:p).

Barba. Beard (bird).

Barbacoa. Barbecue (ba:rbikyu:).

Barco. Ship (ship).

Barco

Barrer. Sweep (swi:p).

Barril. Barrel (bærel).

Base de datos. Database (déirebéis).

Basquetbol. Basketball (bæsketbol).

Bastante. Quite (kuáit).

Batata. Sweet potato (swi:t petéirou).

Batería. Battery (bæreri).

Batir. Beat (bi:t).

Batir. Whip (wip).

Beber un líquido para bajar la comida. Wash down (wa:sh dáun).

Batir

Beber. Drink (drink).

Bebida sin alcohol. Soft drink (sa:ft drink).

Bebida. Beverage (bévrish).

Bebida. Drink (drink).

Béisbol. Baseball (béisba:l).

Béisbol

Besar. Kiss (kis).

Bicicleta. Bicycle (báisikel).

Bien cocida. Well done (wel dan).

Bien. Fine (fáin).

Bien. Well (wel).

Bienvenido. Welcome (wélcam).

Bigote. Moustache (mástæsh).

Billar Americano. Pool (pu:l).

Billete. Bill (bil).

Billón (mil millones). Billion (bílien).

Biografías. Biography (baia:grefi).

Blanco. White (wáit).

Blusa. Blouse (bláus).

Boca. Mouth (máuz).

Billete

Bolígrafo. Pen (pen).

Bolos. Bowling (bóuling).

Bolso, bolsa. Bag (bæg).

Bombero. Fireman (fáirmen).

Bombero. Fireperson (fáirpe:rsen).

Bonito. Pretty (príri).

Bordado. Embroidery (imbróideri).

Borde. Edge (**esh**).

Bostezar. Yawn (ya:n).

Bota. Boot (bu:t).

Bote. Boat (bóut).

Bota

Botella. Bottle (ba:rl).

Boxeo

Bufanda

Botón. Button (bárn).

Boxeo. Boxing (ba:ksing).

Brazo. Arm (a:rm).

Brillar. Shine (sháin).

Brisa. Breeze (bri:z).

Bronce. Brass (bræs).

Buceo. Diving (dáiving).

Bueno. Good (gud).

Búfalo. Buffalo (báfelou).

Bufanda . Scarf (ska:rf).

Bufet. Buffet (beféi).

Buscar en un diccionario. Look up (luk ap).

Buscar. Look for (luk fo:r).

Buscar. Look for (luk fo:r).

Buscar. Search (se:rch).

C

Caballo. Horse (jo:rs).

Cabeza. Head (jed).

Cable. Cable (kéibel).

Cabra. Goat (góut).

Cadera. Hip (jip).

Caer. Fall (fa:l).

Cabra

Café

Calabaza

Caliente

Caerse de un lugar. Fall out (fa:l áut).

Café descafeinado. Decaffeinated coffee (dikæfineirid ká:fi).

Café. Coffee (ka:fi).

Cafetería. Coffee store (ká:fi sto:r).

Caída. Fall (fa:l).

Caja de cambios. Gear box (gir bá:ks).

Caja de seguridad. Safe (séif).

Caja. Box (ba:ks).

Cajero automático. A.T.M (ei ti: em).

Cajero. Cashier (kæshír).

Cajón. Crate (kréit).

Calabaza. Pumpkin (pá:mpkin).

Calamar. Squid (skwíd).

Calcetines. Socks (sa:ks).

Calcular (una cantidad). Work out (we:rk áut).

Calentar algo. Warm up (wa:rm ap).

Calentar un alimento o una bebida. Heat up (ji:t ap).

Calentar. Heat (ji:t).

Calentar. Warm (wa:rm).

Cálido. Warm (wa:rm).

Caliente. Hot (ja:t).

Callarse. Shut up (shat ap).

Calle. Street (stri:t).

Calmar. Calm (ka:lm).

Calmar. Calm down (ka:lm dáun).

Calmarse. Settle down (sérl dáun).

Calor. Heat (ji:t).

Cama

Caluroso. Hot (ja:t).

Calvo. Bald (ba:ld).

Cama. Bed (bed).

Camarón. Shrimp (shrimp).

Cambiar. Change (chéinsh).

Cambio de dinero. Exchange (ikschéinsh).

Cambio. Change (chéinsh).

Caminar. Walk (wa:k).

Camino. Road (róud).

Camino. Way (wéi).

Camión. Truck (trak).

Camionero. Truck driver (trak dráive:r).

Camisa. Shirt (shé:rt).

Camiseta. T –shirt (ti: shé:rt).

Camión

Campaña. Campaign (kempéin).

Campo. Field (fi:ld).

Canasta. Basket (bæsket).

Cancelar. Call off (ka:l a:f).

Canción. Song (sa:ng).

Candidato. Candidate (kændideit).

Canela. Cinnamon (sínemen).

Cangrejo. Crab (kræb).

Canotaje. Canoeing (kenú:ing).

Cansado. Tired (taie:rd).

Cansador. Tiring (táiring).

Cantante. Singer (sínge:r).

Cantar. Sing (sing).

Canotaje

Caracol

Carpintero

Casarse

Cantidad. Amount (emáunt).

Capataz. Foreman (fó:rmen).

Capaz. Able (éibel).

Capot. Hood (ju:d).

Cara. Face (féis).

Caracol. Snail (snéil).

Carbón. Coal (kóul).

Carne vacuna. Beef (bi:f).

Carne. Meat (mi:t).

Carnicero. Butcher (bútche:r).

Caro. Expensive (ikspénsiv).

Carpintero. Carpenter (ka:rpente:r).

Carrera de caballos. Horse racing (jo:rs réising).

Carril de una autopista. Lane (léin).

Carta. Letter (lére:r).

Cartelera. Board (bo:rd).

Cartero. Mailman (méilmen).

Cartero. Postman (póustmen).

Casa. House (jáuz).

Casado. Married (mérid).

Casarse. Get married (get mérid).

Casero. Homemade (jóumméid).

Caso. Case (kéis).

Castaña. Chestnut (chéstnat).

Castaño claro. Light brown (láit bráun).

Castaño. Brown (bráun).

Catorce. Fourteen (fo:rtí:n).

Cebolla

Cerámica

Cerveza

Causa. Cause (ka:z).

Caza. Hunting (jánting).

Cazador de huracanes. Hurricane hunter (hárikéin hánte:r).

Cebolla. Onion (á:nyon).

Ceder el paso. Yield (yild).

Ceja. Eyebrow (áibrau).

Celeste. Light blue (láit blu:).

Celoso. Jealous (**shé**les)

Cementerio. Cemetery (sémeteri).

Centímetro. Centimeter (séntimirer).

Centrado. Down-to-earth (**d**áun te **é**rz).

Centro comercial. Shopping center (sha:ping séne:r).

Centro de la ciudad. Downtown (**d**áuntaun).

Cerámica. Pottery (pá:reri).

Cerca . Near (nir).

Cerdo. Pork (po:rk).

Cerdo. Pig (pig).

Cereza. Cherry (ch**é**ri).

Cero. Zero (zí:rou).

Cerrar (una llave de paso). Turn off (t**e:**rn a:f).

Cerrar. Shut (shat).

Certificado. Certificate (se:rtífiket).

Cerveza. Beer (bir).

Césped. Grass (græs).

Césped. Lawn (la:n).

Chaleco. Vest (v**e**st).

Chantajear. Blackmail (blælmeil).

Chaqueta

Chantajista. Blackmailer (blækmeile:r).

Chaqueta. Jacket (**sh**ækit).

Chasquear los dedos. Snap (snæp).

Chauchas. String beans (string bi:ns).

Chef. Chef (sh**e**f).

Cheque. Check (ch**e**k).

Chequear. Check (ch**e**k).

Chequera. Checkbook (ch**é**kbuk).

Chicos/chicas, gente. Guy (g**á**i).

Chiste, broma. Joke (**sh**óuk).

Chupar. Suck (s**a**k).

Ciberespacio. Cyberspace (s**á**ibe:rspeis)

Ciego. Blind (bl**á**in**d**).

Cielo. Sky(sk**á**i).

Chef

Cien. Hundred (j**á**:n**d**re**d**).

Ciencia ficción. Science fiction (s**á**iens f**í**kshen).

Ciencia. Science (s**á**iens).

Cierre. Zip (zip).

Cinco centavos de dólar. Nickel (n**í**kel).

Cinco. Five (f**á**iv).

Cincuenta. Fifty (f**í**fti).

Cintura . Waist (w**é**ist).

Cinturón. Belt (belt).

Ciruela. Plum (plam).

Cita a ciegas. Blind date (bl**á**in**d** **d**éit).

Cierre

Cita. Date (**d**éit).

Ciudad

Clima

Coco

Ciudad natal. Hometown (jóumtaun).

Ciudad. City (síri).

Ciudadanía. Citizenship (sírisenship).

Ciudadano. Citizen (sírisen).

Clavo. Nail (néil).

Cliente. Customer (kásteme:r).

Clima. Climate (kláimit).

Coartada. Alibi (ælibai).

Cobrar. Collect (kelékt).

Cobre. Copper (ká:pe:r).

Cocción jugosa. Rare (rer).

Cocina. Cooker (kúke:r).

Cocina. Kitchen (kíchen).

Cocina. Stove (stóuv).

Cocinar a baño María. Poach (póuch).

Cocinar al horno. Roast (róust).

Cocinar con líquido. Braise (bréiz).

Cocinar con líquido. Simmer (síme:r).

Cocinar. Cook (kuk).

Cocinero. Cook (kuk).

Coco. Coconut (kóukenat).

Cocodrilo. Crocodile (krákedail).

Código de área. Area Code (érie kóud).

Código de país. Country code (kántri kóud).

Codo. Elbow (élbou).

Cola (de un animal). Tail (téil).

Colgar

Comedor

Comida para llevar

Colgar el teléfono. Hang up (jæng **a**p).

Colgar. Hang (jæng).

Colocar. Lay (léi).

Color. Color (**ká**le:r).

Combinar. Go with (góu wid).

Combinar. Match (mæch).

Comedia. Sitcom (sítkam).

Comedor. Dining room (**d**áining ru:m).

Comenzar a agradar una persona o una idea. Warm up to (wa:rm **a**p tu:).

Comenzar a hacer algo seriamente. Get down to (get **d**áun tu:).

Comenzar sesión en un sitio de Internet. Log in (la:g in).

Comenzar sesión en un sitio de Internet. Log on (la:g a:n).

Comenzar un hobby. Take up (téik **a**p).

Comenzar. Begin (bigín).

Comenzar. Kick off (kik a:f).

Comenzar. Set in (set in).

Comenzar. Start (sta:rt).

Comer en un restaurante. Eat out (i:t áut).

Comer muy poco. Pick at (pik æt).

Comer todo. Eat up (i:t ap).

Comer. Eat (i:t).

Comida para llevar. Take-out food (téik áut fu:d).

Comida. Food (fu**d**).

Comida. Meal (mi:l).

Como. As (ez).

Como. Like (láik).

Cómodo

Competencia

Compras

¿Cómo? How (jáu).

Cómoda. Chest (ch**e**st).

Cómoda. Dresser (dr**é**se:r).

Comodidad. Comfort (k**á**mfe:rt).

Cómodo. Comfortable (k**á**mfe:rtebel).

Compañero de cuarto. Roommate (rú:mmeit).

Compañía. Company (kámpeni).

Comparación. Comparison (kemp**é**risen).

Compensar. Make up for (méik **a**p fo:r).

Competencia. Competition (ká:mpetíshen).

Competición. Competition (ká:mpetishen).

Competitivo. Competitive (kemp**é**ririv).

Completar espacios en blanco. Fill in (fil in).

Completar por escrito. Fill out (fil áut).

Completar. Complete (kemplí:t).

Completar. Fill in (fil in).

Comportamiento. Behavior (bijéivye:r).

Comprador. Purchaser (pe:rché:ser).

Comprar algo hasta que se agote. Snap up (snæp **a**p).

Comprar. Buy (bái).

Comprar. Get (get).

Compras. Shopping (shá:ping).

Comprender. Figure out (fíge:r áut).

Comprensivo. Empathetic (empaz**é**rik).

Comprensivo. Sympathetic (simpez**é**rik).

Computación. Computing (kempyu:ring).

Computadora. Computer (kempyú:re:r).

Computadora

Conducir

Conejo

Con. With (wid).

Conceder. Give in (giv in).

Concentrarse. Focus on (fóukes a:n).

Concierto. Concert (ká:nse:rt).

Concurrir. Attend (eténd).

Condición. Condition (kendíshen).

Conducir. Drive (dráiv).

Conductor de taxi. Taxi driver (tæksi dráive:r).

Conductor. Driver (dráive:r).

Conejo. Rabbit (ræbit).

Conexión. Connection (kenékshen).

Confiable. Reliable (riláiebel).

Confundido. Confused (kenfyú:zd).

Confundir. Mix up (miks ap).

Congelado. Frozen (fróuzen).

Congelar. Freeze (fri:z).

Congreso. Congress (ká:ngres).

Conmocionado. Shocked (sha:kt).

Conocer a alguien. Know (nóu).

Conocer a alguien. Meet (mi:t).

Conocido. Acquaintance (ekwéintens).

Conocimientos. Knowledge (ná:lish).

Conseguir. Get (get).

Consejo. Advice (edváis).

Considerado. Considerate (kensídret).

Constitución. Constitution (ka:nstitu:shen).

Construir

Contaminación

Conversación

Constructor. Builder (bílde:r).

Construir. Put up (put ap).

Contador. Accountant (ekáuntent).

Contaminación. Contamination (kenteminéishen).

Contar con. Count on (káunt a:n).

Contar. Count (káunt).

Contar. Spit out (spit áut).

Contener. Contain (kentéin).

Contento. Glad (glæ**d**).

Contestar. Answer (ænser).

Continuar con algo hasta el final. See through (si: zru:).

Continuar. Go on (góu a:n).

Contraseña. Password (pæswe:rd).

Contratar. Hire (jáir).

Contratista. Contractor (kentræ:kte:r).

Control remoto. Remote control (rimóut kentróul).

Control. Control (kentróul).

Controlador obsesivo. Control-freak (kentróul fri:k)

Controlar. Keep track of (ki:p træk ev).

Convencer a alguien de que haga algo. Talk into (ta:k intu:)

Convencer a alguien de que no haga algo. Talk out of (ta:k áut ev).

Conversación. Conversation (ka:nverséishen).

Conversación. Discussion (**d**iskáshen).

Conversar. Talk (ta:k).

Convicto. Convict (ká:nvikt).

Coñac

Convocar (para el ejército o un equipo deportivo). Call up (ka:l **a**p).

Coñac. Brandy (br**æ**n**d**i).

Copia. Copy (ká:pi).

Copiar. Copy (ká:pi).

Corbata. Tie (tái).

Corcho. Cork (ka:rk).

Cordero. Lamb (læm).

Cordial. Friendly (fré**nd**li).

Correcto. Right (ráit).

Correo basura. Spam (spæm).

Correo electrónico. E-mail (ímeil).

Correo

Correo. Mail (méil).

Correr. Run (ran).

Corriente. Current (ké**:**rent).

Cortar en cubos. Dice (**d**áis).

Cortar un servicio. Cut off (kat a:f).

Cortar. Cut (kat).

Corte. Court (ko:rt).

Cortés. Polite (peláit).

Cortina. Curtain (ké**:**rten).

Corto de vista. Short-sighted (sho:rt sáirid).

Corto. Short (sho:rt).

Cosa. Thing (**z**ing).

Cosas por el estilo. Stuff (staf).

Coser. Sew (sóu).

Cortina

Crecer

Costar. Cost (ka:st).

Costillitas. Rib (rib).

Cráneo. Skull (skal).

Creativo. Creative (kriéiriv).

Crecer. Grow (gróu).

Crecimiento. Growth (gróuz).

Crédito. Credit (krédit).

Crédulo. Gullible (gálibel).

Creencia. Belief (bili:f).

Crema. Cream (kri:m).

Criar. Bring up (bring ap).

Criarse. Grow up (gróu ap).

Cruce de calles. Intersection (íne:rsékshen).

Cruce peatonal. Crosswalk (krá:swa:k).

Crucigrama. Crossword puzzle (krá:swe:rd pázel).

Crema

Cruel. Cruel (krúel).

Cruel. Ruthless (ru:zles).

Cuadra. Block (bla:k).

Cuadrado. Square(skwér).

Cuadro. Picture (píkche:r).

¿Cuál ? Which (wích).

¿Cuándo? When (wen).

¿Cuántas veces?. How often? (jáu a:ften).

¿Cuánto tiempo? How long (jáu la:ng).

¿Cuánto? How much (jáu mach).

Criar

¿Cuántos años? How old? (jáu óuld).

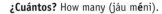

Cuchillo

¿Cuántos? How many (jáu méni).

Cuarenta. Forty (fó:ri).

Cuarto de baño. Bathroom (bæzrum).

Cuarto. Fourth (fo:rz).

Cuatro. Four (fo:r).

Cubrir. Cover (ká:ve:r).

Cucaracha. Cockroach (ká:krouch).

Cuchillo. Knife (náif).

Cuello (de una prenda). Collar (kále:r).

Cuello. Neck (nek).

Cuenta corriente. Current account (ké:rent ekáunt).

Cuenta de ahorros. Savings account (séivingz ekáunt).

Cuenta en un restaurante). Check (chek).

Cuenta. Account (ekáunt).

Cuero. Leather (léde:r).

Cuerpo. Body (ba:dy).

Cuidado de la piel. Skin care (skín ker).

Cuidado. Care (ker).

Cuidar. Care for (ker fo:r).

Cuidar. Look after (luk æfte:r).

Culpable. Guilty (gílti).

Cultura. Culture (ké:lche:r).

Cumpleaños. Birthday (bérzdei).

Cuota. Installment (instá:lment).

Currículum vitae. Résumé (résyu:mei).

Cuidar

Cumpleaños

D

Dados. Dice (**d**áis).

Daño. Damage (**d**æmi**sh**).

Dar importancia. Play up (pléi ap).

Dar la mano. Shake hands (shéik jændz).

Dar. Give (giv).

Dardos. Darts(**d**a:rts).

Dados

Darse por vencido. Give up (giv **a**p).

De acuerdo. O.K. (óu kéi).

De ella. Hers (je:rz).

De hecho. In fact (in f ækt).

¿De quién? Whose (ju:z).

De, desde. From (fra:m).

De. Of (ev).

Debajo de. Below (bilóu).

Dardos

Debajo. Under (**á**n**d**e:r).

Deber (para dar consejos). Should (shud).

Deber, estar obligado a. Must (**m**ast).

Decidido. Determined (**d**ité:rmin**d**).

Décimo. Tenth (**t**en**z**).

Decir. Say (séi).

Decir. Tell (**t**el).

Decisión. Decision (dis**í**s**h**en).

Decidido

Declaración jurada. Affidavit (æfe**d**éivit).

Dedo de la mano

Delfín

Deporte

Declarar. Declare (diklé:r).

Decorar. Garnish (ga:rnish).

Dedo de la mano. Finger (finge:r).

Dedo del pie. Toe (tóu).

Defensa. Defence (diféns).

Dejar a alguien en un lugar. Drop off (dra:p a:f)

Dejar de hacer. Give up (giv ap).

Dejar propina. Tip (tip).

Dejar. Leave (li:v).

Deletrear. Spell (spel).

Delfín. Dolphin (dá:lfin).

Delgado. Slim (slim).

Delicioso. Delicious (dilíshes).

Delincuentes. Criminals (kríminel).

Delito grave. Felony (féleni).

Delito. Crime (kráim).

Demandante. Plaintiff (pléintif).

Democracia. Democracy (dimá:kresi).

Democrático. Democratic (demekrærik).

Denegar. Deny (dinái).

Dentista. Dentist (déntist).

Dentro. Into (íntu:).

Depender. Depend (dipénd).

Deporte. Sport (spo:rt).

Depósito. Deposit (dipá:zit).

Depresión. Depression (dipréshen).

Deprimido. Depressed (diprést).

Descansar

Derecha. Right (ráit).

Derecho. Law (la:).

Derecho. Straight (stréit).

Derecho. Straight-forward (stréit fó:rwe:rd).

Derretir. Melt (mélt).

Derribar. Knock down (na:k dáun).

Desalentado. Gloomy (glu:mi).

Desarrollar. Work out (we:rk áut).

Desarrollo. Development (divélopment).

Descansar. Relax (rilæks).

Descanso. Break (bréik).

Desconocido. Stranger (stréinshe:r).

Descubrimiento. Discovery (diská:veri).

Desde. Since (sins).

Desear. Desire (dizáir).

Destino

Desilusionado. Disappointed (disepóinted).

Desilusionar. Let down (let dáun).

Desmayarse. Pass out (pæs áut).

Desorden. Mess (mes).

Desordenado. Untidy (antáidi).

Desordenar. Mix up (miks ap).

Despedir del trabajo. Lay off (léi a:f).

Despreocupado. Carefree (kérfree).

Desprolijo. Shabby (shæbi).

Después del mediodía. P.M (pi: em).

Después. After (æfte:r).

Destino. Destination (destinéishen).

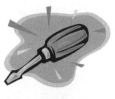

Destornillador

Destornillador. Screw driver (skru: dráive:r).

Devolver
un llamado

Destrozar. Vandalize (vændelaiz).

Destrucción. Destruction (distrákshen).

Destruir una construcción. Tear apart (ter epá:rt).

Destruir. Destroy (distrói).

Detalle. Detail (díteil).

Detrás. Behind (bijáind).

Deuda. Debt (dét).

Devolver dinero. Pay back (péi bæk).

Devolver un llamado. Call back (ka:l bæk).

Devolver. Give back (giv bæk).

Devolver. Return (rité:rn).

Día. Day (déi).

Diario personal en Internet. Blog (bla:g).

Diario. Newspaper (nu:spéiper).

Dibujar. Draw (dra:w).

Diccionario

Diccionario. Dictionary (díksheneri).

Diciembre. December (disémbe:r).

Diecinueve. Nineteen (naintí:n).

Dieciocho. Eighteen (eitín).

Dieciséis. Sixteen (sikstí:n).

Diecisiete. Seventeen (seventí:n).

Diente. Tooth (tu:z).

Dientes. Teeth (ti:z).

Diez centavos de dólar. Dime (dáim).

Diez. Ten (ten).

Diferencia. Difference (díferens).

Dieciséis

Difícil. Difficult (dífikelt).

Diploma

Difícil. Hard (ja:r**d**).

Digestión. Digestion (da**ishé**schen).

Dinero en efectivo. Cash (kæsh).

Dinero. Money (m**á**ni).

Diploma. Diploma (**d**ipl**á**:me).

Dirección. Address (æ**d**res).

Director de una escuela. Headmaster (j**éd**mæste:r).

Discar. Dial (**d**áiel).

Discoteca. Disco (**d**ískou).

Disculparse. Apologize (epá:le**sh**aiz).

Discusión. Argument (a:rgiument).

Diseñador gráfico. Graphic designer (græfik **d**izáine:r).

Diseñar. Design (**d**izáin).

Disfrutar. Enjoy (in**sh**ói).

Disfrutar

Disgustado. Upset (aps**é**t).

Disgusto. Disgust (**d**isg**á**st).

Disminuir el nivel de actividad. Slow down (slóu **d**áun).

Disminuir la marcha. Slow down (slóu **d**áun).

Disminuir. Go down (góu **d**áun).

Disolver. Dissolve (**d**iza:lv).

Dispersar. Spread (spr**éd**).

Distancia. Distance (**d**ístens).

Distraído. Absent-minded (æbsent máin**did**).

Distribución. Distribution (**d**istribyu:shen).

Diversión. Amusement (emyú:zment).

Divertido. Cool (ku:l).

Distancia

Divertido. Funny (f**á**ni).

Doctor

División. Division (di**ví**s*h*en).

Divorciado. Divorcee (d**e**vo:rsei).

Divorciarse. Get divorced (g**e**t divo:rst).

Doblar. Fold (f**ó**ul**d**).

Doblar. Turn (te:rn).

Doble. Double (d**á**bel).

Doce. Twelve (tw**é**lv).

Docena. Dozen (d**á**zen).

Doctor. Doctor (d**á**:kte:r).

Documental. Documentary (d**a**:kyu:m**é**nteri).

Documento de identidad. I.D.card (ái d**i**: ka:r**d**)

Dólar. Dollar (d**á**:le:r).

Dólar

Doler. Hurt (he:rt).

Dolor de cabeza. Headache (j**é**deik).

Dolor de espalda. Backache (bækeik).

Dolor de estómago. Stomachache (st**á**:mekeik).

Dolor de garganta. Sore throat (so:r z**r**óut).

Dolor de muelas. Toothache (t**ú**:z**é**ik).

Dolor de oídos. Earache (íreik).

Dolorido. Sore (so:r).

Doloroso. Painful (p**é**infel).

Domingo. Sunday (s**á**ndei).

¿Dónde? Where (wer).

Dorado. Gold (g**ó**ul**d**).

*Dolor de
garganta*

Dormir. Sleep (sli:p).

Dormitorio. Bedroom (b**é**drum).

Dulce

Dos veces. Twice (tuáis).

Dos. Two (tu:).

Drugstore. Drugstore (drágsto:r).

Dubitativo. Doubtful (dáutfel).

Duda. Doubt (dáut).

Dulce. Sweet (swi:t).

Durante. During (during).

E

Ebriedad. Drunkenness (dránkennes).

Echarse atrás. Back out (bæk áut).

Ecológico. Ecological (ikelá:shikel).

Ecologista. Ecologist (iká:leshist).

Económico. Economical (ikená:mikel).

Edad. Age (eish)

Ecológico

Edificio. Building (bílding).

Educación. Education (eshekéishen).

Efecto. Effect (ifékt).

Eficiente. Efficient (efishent).

Egocéntrico. Self-centered (self séne:rd).

Egoísta. Selfish (sélfish).

Ejemplo. Example (igzæmpel).

Edificio

Ejercicio. Exercise (éksersaiz).

Elefante

*Empleada
doméstica*

En liquidación

Ejercicios aeróbicos. Aerobics (eróubiks).

El de/la de. One (wan).

El, la, las, los. The (de).

Él. He (ji:).

Elección. Election (ilékshen).

Electricista. Electrician (elektríshen).

Elefante. Elephant (élefent).

Elegante. Elegant (élegent).

Elegir. Pick out (pik áut).

Eliminar. Do away with (du: ewéi wid).

Ella. She (shi:).

Ellos/as. They (déi).

Embalaje. Packaging (pækeshing).

Embrague. Clutch (klách).

Empleada doméstica. Maid (méid).

Empleado administrativo. Administra-tive officer (edminístretiv á:fise:r).

Empleado de la aduana. Customs officer (kástems á:fise:r).

Empleado de oficina. Office clerk (a:fis kle:rk).

Empleado público. Civil servant (sívil sérvent).

Empleado. Clerk (kle:rk).

Empleado. Employee (imploií:).

Empleador. Employer (implóie:r).

Empujar. Push (push).

Empuje. Push (push).

En (medios de transporte). By (bái).

En liquidación. On sale (a:n séil).

Enamorarse

En punto. O'clock (eklá:k).

En realidad. Actually (ækchueli).

En. In (in).

Enamorarse. Fall for (fa:l fo:r).

Encantar. Love (lav).

Encargado de un edificio u hotel. Door person (**d**o:r pé:rsen).

Encargarse de algo. See to (si: tu:).

Encender. Turn on (**te**:rn a:n).

Enchufe. Plug (plag).

Enciclopedia. Encyclopedia (insaiklepí:**d**ie).

Encontrar. Find (fáin**d**).

Encontrarse con alguien por casualidad. Run into (**r**an intu:).

Encontrarse con alguien. Meet (mi:t).

Encuesta. Poll (póul).

Encender

Enemigo. Enemy (**é**nemi).

Energético. Energetic (ene:r**sh**étik).

Energía solar. Solar energy (sóule:r **é**ne:r**sh**i)

Enero. January (**sh**ænyu:eri).

Enfermedad del corazón. Heart disease (há:rt dizí:z).

Enfermedad. Disease (**d**izí:z).

Enfermedad. Illness (ílnes).

Enfermera. Nurse (**n**ers).

Enfermo. Sick (sik).

Enfrente de. In front of (in fra**n**:t ev).

Enfermera

Enojado. Angry (æ**n**gri).

Enseñar

Enojarse mucho. Go mad (góu mæd).

Enrojecer. Blush (blush).

Enrulado. Curly (ke:rli).

Ensalada de verduras. Salad (sæled).

Enseñar. Teach (ti:ch).

Entender con dificultad. Make out (méikáut).

Entender. Understand (anderstænd).

Entero. Whole (jóul).

Entonces. Then (den).

Entrada. Starter (stá:re:r).

Entrar en calor. Warm up (wa:rm ap).

Entrar en un automóvil. Get in (get in).

Entrar ilegalmente. Trespass (trespæs).

Entrar. Come in (kam in).

Entre. Between (bitwí:n).

Entrar en calor

Entregar algo que se ha ordenado o pedido. Hand over (jænd óuve:r).

Entregar. Hand (jænd).

Entretenimiento. Fun (fan).

Entretenimiento. Entertainment (ene:rtéinment).

Entrevista. Interview (ínner:viu:).

Entusiasmado. Enthusiastic (inzú:siestik).

Entusiasmado. Excited (iksáirid).

Envase de cartón. Carton (ká:rten).

Envenenar. Poison (póisen).

Enviar por correo. Mail (méil).

Entretenimiento

Enviar. Deliver (dilíve:r).

Equipaje

Enviar. Send (sénd).

Enviar. Ship (ship).

Envidioso. Envious (énvies).

Envío a domicilio. Delivery (dilíve:ri).

Envío. Shipment (shipment).

Equipaje. Baggage (bægish).

Equitación. Horseback riding (jó:rsbæk ráiding).

Equivocado. Wrong (ra:ng).

Error. Error (é:re:r).

Eructar. Burp (be:rp).

Es. Is (is).

Esa, ese, eso, aquella, aquel, aquello. That (dæt)

Esas/os, aquellas/os. Those (dóuz).

Escalar. Climb (kláim).

Escalera mecánica. Escalator (éskeleire:r).

Escalera. Stair (stér).

Escalera

Escáner. Scanner (skæne:r).

Escapar. Run away (ran ewéi).

Escéptico. Skeptical (sképtikel).

Escribir. Write (ráit).

Escritorio. Desk (désk).

Escuchar. Listen (lísen).

Escuela primaria. Elementary school (eleménteri sku:l).

Escuela primaria. Primary school (práime:ri sku:l).

Escuela secundaria. High school (jái sku:l).

Escribir

Escuela secundaria. Secondary school (sékende:ri sku:l).

Especia

Escuela. School (sku:l).

Espacio. Space (spéis).

Especia. Spice (spáis).

Especial. Special (spéshel).

Espectáculo. Show (shóu).

Espejo. Mirror (míre:r).

Esperanza. Hope (jóup).

Esperar ansiosamente. Look forward to (luk fó:rwe:rd tu:).

Esperar. Hang on (jæng a:n).

Esperar. Hope (jóup).

Esperar. Wait (wéit).

Espesar. Thicken (zíken).

Espolvorear. Sprinkle (sprínkel).

Esposa. Wife (wáif).

Esquí sobre nieve

Esposo. Husband (jázbend).

Esquí acuático. Water ski (wá:re:r ski:).

Esquí sobre nieve. Skiing (ski:).

Esquiar. Ski (ski:).

Esquina. Corner (kó:rne:r).

Esta noche. Tonight (tenáit).

Esta/este/esto. This (dis).

Establecer. Set up (set ap).

Establecerse en un lugar. Settle (sérl).

Estación del año. Season (sí:zen).

Estación. Station (stéishen).

Estadía. Stay (stéi).

Estación del año

Estado de ánimo. Mood (mu:d).

Estampilla

Estufa a leña

Excursionismo

Estado. State (stéit).

Estampilla. Stamp (stæmp).

Estante. Shelf (shelf).

Estar de acuerdo. Agree (egrí:).

Estar deprimido. Feel down (fi:l dáun).

Estas/estos. These (di:z).

Estilo. Style (stáil).

Estómago. Stomach (stá:mek).

Estornudar. Sneeze (sni:z).

Estudiante. Student (stú:dent).

Estudiar. Study (stádi).

Estufa a leña. Fireplace (fáirpleis).

Evento. Event (ivént).

Evitar hacer algo. Pass on (pæs a:n).

Exactamente. Exactly (igzæktli).

Excedido en peso. Overweight (óuve:rweit).

Excelente. Excellent (ékselent).

Excursionismo. Hiking (jáiking).

Exención de impuestos. Exemption (iksémpshen)

Exhalar. Exhale (ikséil).

Exhausto. Exhausted (igzá:stid).

Exigente. Demanding (dimænding).

Existencia. Existence (eksístens).

Expansión. Expansion (ikspænshen).

Experiencia. Experience (íkspíriens).

Experimentar. Experience (ikspí:riens).

Experto. Expert (ékspe:rt).

Extranjero

Explicar. Explain (ikspléin).

Explotar. Blow up (blóu ap).

Explotar. Burst (be:rst).

Extinción. Extinction (ikstínkshen).

Extranjero. Alien (éilien).

Extranjero. Foreign (fó:ren).

Extrovertido. Outgoing (autgóuing).

F

Familia

Fax

Fabricante. Manufacturer (mænyufækche:re:r)

Fácil. Easy (í:zi).

Factura de (electricidad, etc). Bill (bil).

Facultad. Faculty (fækelti).

Falda. Skirt (ske:rt).

Familia. Family (fæmeli).

Fantástico. Great (gréit).

Farmacéutico. Pharmacist (fá:rmesist).

Farmacia. Drugstore (drágsto:r).

Fascinado. Fascinated (fæsineirid).

Favorito. Favorite (féivrit).

Fax. Fax machine (fæks meshín).

Febrero. February (fébru:eri).

Fecha. Date (déit).

Feliz. Happy (jæpi).

Filete

Feo, horrible. Awful (á:fel).

Feriado. Holiday (já:lidei).

Ficción. Fiction (fíkshen).

Fiebre. Fever (fíve:r).

Fiesta. Party (pá:ri).

Fila. Line (láin).

Filete. Steak (stéik).

Filosofía. Philosophy (filá:sefi).

Filtro protector. Firewall (fáirwa:l).

Fin de semana. Weekend (wí:kend).

Fin. End (**end**).

Final. Final (fáinel).

Finalmente. Finally (fáineli).

Firmar. Sign (sáin).

Fiscal. Prosecutor (prá:sikyú:re:r).

Física. Physical (físikel).

Flor

Flaquear. Break down (bréik dáun).

Flor. Flower (flaue:r).

Florista. Florist (flo:rist).

Forma de solicitud. Application form (æplikéishen fo:rm).

Forma. Form (fo:rm).

Formal. Formal (fó:rmel).

Forzar. Force (fo:rs).

Fosas nasales. Nostrils (ná:strils).

Foto. Photo(fóure).

Foto. Picture (píkche:r).

Foto

Fotocopiadora. Photocopier (fóureka:pie:r).

Fotógrafo

Fresas

Fuego

Fotografía. Photograph (fóuregræf).

Fotografía. Photography (foutóugrefi).

Fotógrafo. Photographer (fetá:grefe:r).

Frambuesa. Raspberry (ræspberi).

Franco. Candid (kændid).

Frasco. Jar (sha:r).

Fraude informático. Scam (skæm).

Fraude. Fraud (fro:d).

Frazada. Blanket (blænket).

Freír con fuego fuerte. Sear (sir).

Freír. Fry (frái).

Freno de manos. Parking brake (pa:rking bréik).

Freno. Brake (bréik).

Frente. Forehead (fá:rid).

Frente. Front (fra:nt).

Fresas. Strawberries (strá:beri).

Fresco. Cool (ku:l).

Frijoles. Beans (bi:ns).

Frío. Cold (kóuld).

Frontal. Straight-forward (stréit fó:rwe:rd)

Frontera. Border (bo:rde:r).

Fruncir el seño. Frown (fráun).

Frustrado. Frustrated (frastréirid).

Fruta. Fruit (fru:t).

Frutos del mar. Seafood (sí:fud).

Fue. Was (wos).

Fuego. Fire (fáir).

Fuerza. Force (fo:rs).

Fumar. Smoke (smóuk).

Funcionar (una situación). Work out (we:rk áut).

Furioso. Furious (fyé:ries).

Furioso. Mad (mæd).

Fútbol americano. Football (fútba:l).

Fútbol. Soccer (sá:ke:r).

Fútbol

G

Gabardina. Trench coat (trench kóut).

Galón. Gallon (gælen).

Ganso. Goose (gu:s).

Garganta. Throat (zróut).

Gasolina. Gas (gæs).

Gasolina. Gasoline (gæselin).

Gasolinera. Gas station (gæs stéishen).

Gastar dinero. Spend (spénd).

Gato. Cat (kæt).

Gato

Generalmente. Generally (shénereli).

Generoso. Generous (shéneres).

Gente. People(pí:pel).

Gerente. Manager (mænishe:r).

Gimnasia. Gym (shim).

Gimnasia. Gymnastics (shimnæstiks).

Gimnasia

Goma

Gimnasio. Gym (**sh**im).

Girar dinero. Wire (wáir).

Giro postal. Money order (máni ó:r**d**e:r).

Gobernador. Governor (gáve:rne:r).

Gobierno. Government (gáve:rnment).

Golf. Golf (ga:lf).

Golpear a alguien hasta que se desvanece. Knock out (na:k áut).

Golpear repetidamente. Knock (na:k).

Goma. Tire (táie:r).

Gordo. Fat (fæt).

Gordo. Heavy (jévi).

Gorra. Cap (kæp).

Gota. Drop (dra:p).

Grabado en piedra o metal. Engraving (ingréiving)

Grado. Degree (**d**igrí:).

Granjero

Grados centígrados. Degrees Celsius (**d**igrí:z sélsies)

Grados Fahrenheit. Degrees Fahrenheit (**d**igrí:z færenjáit).

Gramo. Gram (græm).

Grande. Big (big).

Grande. Large (la:r**sh**).

Granjero. Farmer (fá:rme:r).

Grasa. Fat (fæt).

Grieta. Crack (kræk).

Gripe. Flu (flu:).

Gris. Gray (gréi).

Grisín. Breadstick (bré**d**stik).

Gritar

Gritar. Cry (krái).

Guante

Guía telefónica

Grupo. Group (gru:p).

Guante. Glove (glav).

Guardaparques. Park ranger (pa:rk réinshe:r)

Guardar. Put away (put ewéi).

Guardavida. Lifeguard (láifga:rd).

Guardia de seguridad. Security guard (sekyú:riti ga:rd).

Guía de turismo. Tour guide (tur gáid).

Guía telefónica. Directory (dairékteri).

Guía. Guide (gáid).

Guiñar un ojo. Wink (wink).

Gustar. Like (láik).

Gusto. Taste (téist).

H

Habilidad. Skill (skil).

Habilidades. Ability (ebíleri).

Habitación. Room (ru:m).

Hablar sobre algo. Bring up (bring ap).

Hablar. Speak (spi:k).

Hacer acordar. Remind (rimáind).

Hacer algo regularmente. Be into (bi: intu:)

Hacer caer. Drop (dra:p).

Hacer copia de seguridad de archivos electrónicos.
Back up (bæk ap).

Hacer ejercicio físico. Work out (we:rk áut).

Hacer ejercicio físico

Hacha

Hacer ejercicio. Exercise (**é**ksersaiz).

Hacer explotar. Blow up (blóu **a**p).

Hacer explotar. Set off (set a:f).

Hacer. Do (**d**u:).

Hacer. Make (méik).

Hacerse público. Come out (k**a**m áut).

Hacha. Axe (æks).

Hacia. To (tu:).

Harina. Flour (fla:er).

Hay (pl). There are (d**e**r a:r).

Hay (sing). There is (d**e**r iz).

Hebilla. Buckle (b**á**kel).

Hecho. Fact (fækt).

Helada. Frost (fra:st).

Helado. Ice cream (áis kri:m).

Helado

Hepatitis. Hepatitis (jepetáiris).

Herida (de arma). Wound (wu:n**d**).

Herida. Injury (íns**h**eri).

Hermana. Sister (síste:r).

Hermano. Brother (br**á**de:r).

Hermoso. Beautiful (biú:rifel).

Herramienta. Tool (tu:l).

Hervir. Boil (boil).

Hielo. Ice (áis).

Hierba aromática. Herb (j**é**rb).

Hierro. Iron (áiren).

Hermana

Hija. Daughter (**d**á:re:r).

Hockey sobre hielo

Hoja de papel

Hongo

Hijo. Child (cháild).

Hijo. Son (san).

Hijos. Children (chíldren).

Himno nacional. Anthem (anzem).

Himno. Hymn (jim).

Hincharse. Swell (swél).

Hipo. Hiccup (jíkap).

Hipócrita. Hypocrite (jípekrit).

Hipoteca. Mortgage (mo:rgish).

Historia. History (jíste:ri).

Historieta. Comic (ká:mik).

Hobby. Hobby (já:bi).

Hockey sobre hielo. Ice hockey (áis ja:ki)

Hockey. Hockey (já:ki).

Hogar. Home (jóum).

Hoja de papel. Sheet (shi:t).

Hola. Hello (jelóu).

Hola. Hi (jái).

Hombre. Man (mæn).

Hombres. Men(men).

Hombro. Shoulder (shóulde:r).

Homicidio. Homicide (já:mesáid).

Honestidad. Honesty (á:nesti).

Honesto. Honest (á:nest).

Hongo. Mushroom (máshru:m).

Honor. Honor (á:ner).

Hora. Hour (áur).

Horno a microondas

Huracán

Hora. Time (táim).

Hormiga. Ant (ænt).

Hornear. Bake (béik).

Horno a microondas. Microwave oven (máikreweiv óuven).

Horno. Oven (óuven).

Horror. Horror (jó:re:r).

Hospedarse. Stay (stéi).

Hotel. Hotel (joutél).

Hoy. Today (tudei).

Huésped. Guest (gést).

Huevo. Egg (eg)

Húmedo. Wet (wet).

Humor. Humor (jiu:me:r)

Huracán. Hurricane (hárikéin).

Hurto en tiendas. Shoplifting (shá:plifting).

I

Idea

Idea. Idea (aidíe).

Idioma. Language (længuish).

Imaginar una idea o plan. Dream up (dri:m ap)

Imaginar. Imagine (imæshin).

Imaginativo. Imaginative (imæshíneriv).

Impaciente. Impatient (impéishent).

Impermeable. Raincoat (réinkout).

Impresora

Impermeable. Waterproof (wá:re:rpru:f).

Importante. Important (impó:rtent).

Impresora. Printer (príne:r).

Impuesto. Tax (tæks).

Impulso. Impulse (ímpals).

Incendio. Fire (fáir).

Incluir a alguien en una actividad. Count in (káunt in)

Incómodo. Embarrassed (imbérest).

Incorrecto. Wrong (ra:ng).

Increíble. Incredible (inkrédibel).

Incumplimiento. Default (difá:lt).

Indeciso. Indecisive (indisáisiv).

Indigente. Indigent (índishent).

Indigestión. Indigestion (indishéschen).

Indoloro. Painless (péinless).

Ingeniero

Industria. Industry (índestri).

Infantil. Childish (cháildish).

Infarto. Heart attack (ha:rt etá:k).

Infeliz. Unhappy (anjæpi).

Inflar. Blow up (blóu ap).

Información. Directory Assistance (dairékteri esístens).

Información. Information (infe:rméishen)

Informal. Casual (kæshuel).

Informar en secreto. Tip off (tip a:f).

Infracción. Infraction (infrækshen).

Ingeniero. Engineer (enshinír).

Ingrediente

Inglés. English (inglish).

Inodoro

Instrumento

Internacional

Ingrediente. Ingredient (ingri:dient).

Ingresar. Enter (éne:r).

Ingreso. Income (ínkam).

Inhalar. Inhale (injéil).

Inmediato. Immediate (imí:diet).

Inmigración. Immigration (imigréishen).

Inocente. Innocent (ínesent).

Inodoro. Toilet (tóilet).

Insecto. Insect (ínsekt).

Inseguro. Self-conscious (self ká:nshes).

Inspector de construcción. Construc-tion inspector (kenstrákshen inspékte:r)

Instrucciones. Directions (dairékshen).

Instructor. Facilitator (fesílitéire:r).

Instructor. Instructor (instrákte:r).

Instrumento. Instrument (ínstrement).

Inteligente. Clever (kléve:r).

Inteligente. Intelligent (intélishent).

Inteligente. Smart (sma:rt).

Intentar lograr. Go for (góu fo:r).

Intentar. Attempt (etémpt).

Intercambio. Exchange (ikschéinsh).

Interés. Interest (íntrest).

Interesante. Interesting (íntresting).

Internacional. International (inte:rnæshenel).

Internet. Internet (íne:rnet).

Intérprete. Interpreter (inté:rprite:r).

Intruso. Trespasser (trespæse:r).

Invierno

Ir a conocer un lugar nuevo

Inundación. Flood (fl**a**d).

Invención. Invention (invénshen).

Inventar una excusa. Make up (méik **a**p).

Inventar. Invent (inv**é**nt).

Invierno. Winter (wíne:r).

Invitación. Invitation (invitéishen).

Invitar a salir. Ask out (æsk áut).

Invitar. Invite (inváit).

Ir a conocer un lugar nuevo. Check out (ch**e**k áut).

Ir hacia un lugar. Head for (j**e**d fo:r).

Ir. Go (góu).

Irresponsable. Irresponsible (irispá:nsible).

Irritado. Irritated (íritéiri**d**).

Irse. Be off (bi: a:f).

Izquierda. Left (l**e**ft).

J

Jardinería

Jabón. Soap (sóup).

Jactarse. Show off (shóu a:f).

Jalea. Jelly (**sh**éli).

Jamón. Ham (jæm).

Jardín. Garden (gá:r**d**en).

Jardinería. Gardening (ga:r**d**ening).

Jardinero. Gardener (gá:r**d**ene:r).

Jirafa

Jefe de porteros en un hotel. Bell captain (bel kæpten).

Jengibre. Ginger (shi:nshe:r).

Jerez. Sherry (shéri).

Jirafa. Giraffe (shirá:f).

Joven. Young (ya:ng).

Jubilación. Retirement (ritáirment).

Jubilarse. Retire (ritáir).

Juego de cartas. Card game (ka:rd géim).

Juego de comedor. Dining set (dáinig set).

Juego de damas. Checkers (chéke :rs).

Juego de mesa. Board game (bo:rd géim).

Juego de video. Video game (vídi:o géim).

Juego. Game (géim).

Juegos electrónicos. Play station (pléi stéishen).

Jueves. Thursday (zérzdei).

Juez. Judge (shash).

Jugador. Player (pléie:r).

Jugar eliminatorias. Play off (pléi a:f).

Jugar. Play (pléi).

Jugo. Juice (shu:s).

Juicio. Trial (tráiel).

Julio. July (shelái).

Junio. June (shu:n).

Jurado. Jury (shu:ri).

Juramento. Oath (óuz).

Jurar. Swear (swer).

Juego de damas

Justicia

K

Karate

Justicia. Justice (**shá**stis).

Karate. Karate (kerá:ri).

Kilogramo. Kilogram (kílegræm).

Kilómetro. Kilometer (kilá:mire:r).

L

Lacio

La, le, a ella. Her (je:r).

Laboral. Labor (léibe:r).

Lacio. Straight (stréit).

Ladrón de tiendas. Shoplifter (shá:plifte:r).

Ladrón. Burglar (bé:rgle:r).

Ladrón. Robber (rá:be:r).

Ladrón. Thief (zi:f).

Lagarto. Alligator (eligéire:r).

Lágrima. Tear (tir).

Lamer. Lick (lik).

Lámpara de techo. Chandelier (chændelir).

Lámpara. Lamp (læmp).

Lámpara

Lámparas de techo. Light fixture (láit fiksche:r)

Lavar

Leche

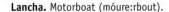

Letra

Lancha. Motorboat (móure:rbout).

Langosta. Lobster (lá:bste:r).

Langostino. Prawn (pra:n).

Lanzar. Throw (zróu).

Lápiz. Pencil (pénsil).

Largo. Long (lan:g).

Lata. Can (kæn).

Lavar. Wash (wa:sh).

Lavarropas. Washing machine (wa:shing meshín)

Leal. Loyal (lóiel).

Lealtad. Loyalty (lóielti).

Leche descremada. Skim milk (skim milk).

Leche entera. Whole milk (jóul milk).

Leche. Milk (milk).

Lechuga. Lettuce (léres).

Leer. Read (ri:d).

Legal. Lawful (lá:fel).

Legal. Legal (lí:gel).

Legítimo. Lawful (lá:fel).

Lejos. Far (fa:r).

Lengua. Tongue (ta:ng).

Lenguado. Sole (sóul).

Lentamente. Slowly (slóuli).

León. Lion (láien).

Les, las, los, a ellos/as. Hem (dem).

Letra. Letter (lére:r).

Levantar pesas. Weight lifting (wéit lífting).

Libro

Licuado

Limpiar

Levantar vuelo. Take off (téik off).

Levantar. Lift (lift).

Levantar. Put up (pik ap).

Levantar. Raise (réiz).

Levantarse de la cama. Get up (get ap).

Ley. Act (ækt).

Ley. Law (la:).

Libertad bajo fianza. On bail (a:n béil).

Libertad bajo palabra. On parole (a:n peróul).

Libertad condicional. On probation (a:n proubéishen).

Libra. Pound (páund).

Libre. Free (fri:).

Libro. Book (buk).

Licencia de conductor. Driver license (dráiver láisens).

Licuado. Milk shake (milk shéik).

Liderar. Lead (li:d).

Límite. Limit (límit).

Limón. Lemon (lémen).

Limonada. Lemonade (lémeneid).

Limpiar. Clean (kli:n).

Limpio. Clean (limpio).

Línea. Line (láin).

Liquido. Liquid (líkwid).

Lista de compras. Shopping list (shá:ping list).

Lista de correo. Mailing list (méiling list).

Lista. List (list).

Listo. Ready (rédi).

Llave

Llama. Flame (fléim).

Llamada. Call (ka:l).

Llamar. Call (ka:l).

Llave. Key (ki:).

Llegada. Arrival (eráivel).

Llegar. Arrive (eráiv).

Llegar. Get (get).

Llegar. Get to (get tu:).

Llegar. Show up (shóu ap).

Llegar. Turn up (te:rn ap).

Llenar completamente. Fill up (fil ap).

Llenar. Fill (fil).

Llevar a cabo. Set out (set áut).

Llevar

Llevar. Carry (kéri)

Llevar. Take (téik).

Llevarse (bien o mal) con alguien..Get along with (get ela:ng).

Llorar. Cry (krái).

Lluvia ácida. Acid rain (æsid réin).

Lluvia. Rain (réin).

Lluvioso. Rainy (réini).

Lo,le a él. Him (jim).

Lo/le (a ello). It (it).

Lobby. Lobby (lá:bi).

Locador. Landlord (lændlo:rd).

Locadora. Landlady (lændléidi).

Lluvioso

Loción para afeitar. Shaving lotion (shéiving lóushen).

Luchar

Loro. Parrot (péret).

Lucha libre. Wrestling (résling).

Lucha. Fight (fáit).

Luchar. Fight (fáit).

Luego. Then (den).

Lugar. Place (pléis).

Luna. Moon (mu:n).

Lunes. Monday (mándei).

Luz. Headlight (jédlait).

Luz. Light (láit).

M

Madre

Maíz

Madera. Wood (wud).

Madre. Mother (máde:r).

Maestro. Teacher (tí:che:r).

Magulladura. Bruise (bru:z).

Maíz. Corn (ko:rn).

Mal carácter. Bad-Tempered (bæd témperd).

Maleducado. Impolite (impeláit).

Maleducado. Rude (ru:d).

Maleta. Suitcase (sú:tkeis).

Maletero. Trunk (tránk).

Malgastar. Waste (wéist).

Malo. Bad (bæd).

Mano

Mandarina. Tangerine (tænsheri:n).

Mandíbula. Jaw (sha:).

Manera. Way (wéi).

Manga. Sleeve (sli:v).

Mango. Mango (mængou).

Maní. Peanut (pí:nat).

Manicura. Manicurist (meníkiu:rist).

Mano. Hand (jænd).

Manteca de maní. Peanut butter (pí:nat báre:r)

Mantener económicamente. Provide for (preváid for:)

Mantener el ritmo. Keep up with (ki:p ap wid).

Mantenerse al día. Keep up with (ki:p ap wid).

Mantenerse alejado. Keep away (ki:p ewái).

Mantequilla. Butter (báre:r).

Manzana. Apple (æpel).

Manzana

Mañana. Morning (mo:rning).

Mañana. Tomorrow (temórou).

Máquina. Machine (meshín).

Mar. Sea (si:).

Marca. Make (méik).

Marcar como vistos en una lista. Check off (chek a:f).

Marcharse. Walk away (wa:k ewéi).

Mareado. Dizzy (dízi).

Maremoto. Tsunami (senæmi).

Marinar. Marinade (mærineid).

Mariposa. Butterfly (báre:rflái).

Mariposa

Marrón. Brown (bráun).

Masaje

Mecedora

Medida

Martes. Tuesday (tu:z**d**ei).

Martillo. Hammer (jæme:r).

Marzo. March (ma:rch).

Más. More (mo:r).

Masa. Dough (**d**óu).

Masa. Mass (mæs).

Masaje. Massage (mesá:**sh**).

Mascota. Pet. (p**e**t).

Masticar. Chew (chu:).

Matar. Kill (kil).

Materia . Subject (sá**b**s**h**ekt).

Mayo. May (méi).

Maza. Sledgehammer (slé**sh**jæme:r).

Me, a mí. Me (mi:).

Mecánico. Mechanic (mekænik).

Mecedora. Rocker (rá:ke:r).

Media jornada. Part-time (pa:rt táim).

Medianamente cocida. Medium (mí:**d**iem).

Mediano. Medium (mi:**d**iem).

Medicina. Medicine (mé**d**isen).

Medicinas de venta libre. O.T.C (óu ti: si:).

Médico de cabecera. Family doctor (fæmeli dá**k**te:r).

Médico. Physician (fizí**sh**en).

Medida. Measure (mé*she*:r)

Medida. Measurement (mé*she*:rment).

Medio ambiente. Environment (inváirenment)

Medio. Half (ja:f).

Medios de comunicación masiva. Mass media (mæs

Melocotón

mi:die).

Medios de comunicación. Media (mi:die).

Medios de transporte. Transportation (trænspo:rtéishen).

Medir. Measure(méshe:r).

Mejilla. Cheek (chi :k).

Mejor. Better (bérer).

Mejorar (el tiempo). Clear up (klíe:r ap).

Mejorar (una enfermedad). Clear up (klíe:r ap).

Mejorar. Improve (imprú:v).

Melocotón. Peach (pi:ch).

Melón. Melon (mélen).

Menos. Less (les).

Mensaje. Message (mésish).

Mentir. Lie (lái).

Mentón. Chin (chin).

Mercado

Menú. Menu (ményu:).

Mercado. Market (má:rket).

Mermelada. Jam (shæm).

Mermelada. Marmalade (má:rmeleid).

Mes. Month (mánz).

Mesa de centro. Coffee table (ká:fi téibel).

Mesa. Table (téibel).

Mesera. Waitress (wéitres).

Mesero. Waiter (wéire:r).

Mesita de noche. Nightstand (náitstænd).

Metal. Metal (mérel).

Mesa

Mezcla. Mixture (míksche:r).

Misterio

Molesto

Moneda

Mezclado. Mixed (míkst).

Mezclar. Mix (miks).

Mezclar. Blend (blénd).

Mi. My (mái).

Miedo. Fear (fír).

Miembro del jurado. Juror (**sh**u:re:r).

Mientras. While (wáil).

Miércoles. Wednesday (wénzdei).

Mil. Thousand (záunsend).

Milímetro. Millimeter (mílimi:re:r).

Milla. Mile (máil).

Millón. Million (mílien).

Mío/a. Mine (máin).

Mirar. Look (luk).

Mirar. Watch (wa:ch).

Misa. Mass (mæs).

Mismo. Same (seim).

Misterio. Mystery (místeri).

Moda. Fashion (fæshen).

Modelo. Model (má:del).

Moho. Mold (móuld).

Molesto. Annoyed (enóid).

Momento. Moment (móument).

Moneda. Coin (kóin).

Mono. Monkey (mánkei).

Mordedura, picadura. Bite (báit).

Morder. Bite (báit).

Motor

Morir. Die (dái).

Morir. Pass away (pæs ewéi).

Mosca. Fly (flái).

Mosquito. Mosquito (meskí:reu).

Mostrador. Counter (káunte:r).

Mostrar un lugar. Show around (shóu eráund).

Mostrar. Show (shóu).

Motor. Engine (énshin).

Mover. Move (mu:v).

Moverse velozmente. Speed (Spi:d).

Movimiento. Movement (mu:vment).

Muchacha. Girl (ge:rl).

Mucho. A lot (e la:t).

Mucho. Much (ma:ch).

Muchos. Many (maeni).

Mudarse. Move (mu:v).

Muchacha

Mudarse. Move away (mu:v ewái).

Muebles. Furniture (fé:rnicher).

Muerte. Death (déz).

Mujer. Woman (wumen).

Muleta. Crutch (krách).

Multa. Ine (fáin).

Multa. Penalty fee (pénalti fi:).

Mundo. World (we:rld).

Muñeca. Wrist (rist).

Murciélago. Bat (bæt).

Músculo. Muscle (másel).

Muleta

Museo. Music (myu:zik).

Muslo. Thigh (zái).

Muy bien. O.K. (óu kéi).

Muy flaco. Skinny (skíni).

Muy. Pretty (príri).

Muy. Very (véri).

N

Nacimiento. Birth (be:rz).

Nación. Nation (néishen).

Nacionalidad. Nationalities (næshenæliri).

Nada. Nothing (názing).

Nadar. Swim (swim).

Nalga. Buttock (bárek).

Nadar

Naranja. Orange (á:rinsh).

Narcotraficante. Drug dealer (drág di:le:r).

Narcotráfico. Drug dealing (drág di:ling).

Nariz. Nose (nóuz).

Natación. Swimming (swíming).

Naturaleza. Nature (néiche:r).

Naturalización. Naturalization (næchera:laizéishen)

Navegación a vela. Sailing (séiling).

Navegador. Browser (bráuze:r).

Navegación a vela

Navegar por Internet. Browse (bráuz).

Navegar. Navigate (nævigéit).

Navegar. Surf (se:rf).

Navidad. Christmas (krísmes).

Nieve

Niño

Noticias

Necesario. Necessary (néseseri).

Necesitar. Need (ni:**d**).

Negocios. Business (bíznes).

Negro. Black (blæk).

Nervioso. Nervous (né**r**ves).

Nevoso. Snowy (snóui).

Ni ... ni. Neither... nor (ní:de:r/náide:r...no:r)

Nieve. Snow (snóu).

Niñera. Baby sitter (béibi síre:r).

Niñera. Nanny (næni).

Niño, chico. Kid (ki**d**).

Niño. Child (cháil**d**).

Niños. Children (chíl**d**ren).

Nivel. Level (lével).

No. No (nou).

No residente. Nonresident (na:nrézi**d**ent).

Noche. Evening (í:vning).

Noche. Night (náit).

Nombrar. Name (néim).

Nombre del usuario. User ID (yu:ze:r ái **d**i:).

Nombre. Name (néim).

Nos, a nosotros. Us (**a**s).

Nosotros. We (wi:).

Nostalgioso. Homesick (jóumsik).

No. Not (not).

Nota. Mark (ma:rk).

Notario. Notary (nóure:ri).

Noticias. News (nu:z).

Notificar. Notify (nóurefái).

Novia

Noveno. Ninth (náinz).

Noventa. Ninety (náinri).

Novia. Bride (bráid).

Novia. Girlfriend (gé:rlfrend).

Noviembre. November (nouvémbe:r).

Novio. Boyfriend (bóifrend).

Novio. Groom (gru:m).

Nube. Cloud (kláud).

Nublado. Cloudy (kláudi).

Nuestro. Our (áuer).

Nuestro. Ours (áuers).

Nueve. Nine (náin).

Nuevo. New (nu:).

Nuez moscada. Nutmeg (nátmeg).

Nuez. Walnut (wa:lnut).

Número. Number (námbe:r).

Número gratuito. Toll-free number (tóul fri: námbe:r).

Número interno. Extension (iksténshen).

Nunca. Never (néve:r).

Nutritivo. Nutritious (nu:tríshes).

Nublado

O

Obeso

O. Or (o:r).

O...o. Either...or (áide:r/ íde:r...o:r).

Obesidad. Obesity (oubí:se:ri).

Ocupado

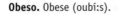

Oferta

Oloroso

Obeso. Obese (oubí:s).

Obrero de la construcción. Construction worker (kenstrákshen we:rke:r).

Obtener un préstamo. Take out (téik áut).

Ochenta. Eighty (éiri).

Ocho. Eight (éit).

Octavo. Eighth (éiz).

Octubre. October (a:któube:r).

Ocupado. Busy (bízi).

Ocurrir. Go on (góu a:n).

Odiar. Hate (jéit).

Oferta. Offer (á:fe:r).

Oficial. Official (efíshel).

Oficina de correos. Post office (póust á:fis).

Oficina. Office (á:fis).

Oído. Ear (ir).

Oir. Hear (jier).

Ojo. Eye (ái).

Ola de calor. Heat wave (ji:t wéiv).

Oler. Smell (smel).

Oloroso. Smelly (sméli).

Olvidadizo. Forgetful (fegétful).

Olvidar. Forget (fegét).

Once. Eleven (iléven).

Ondulado. Wavy (wéivi).

Onza. Ounce (áuns).

Opción. Option (á:pshen).

Operar. Operate (á:pereit).

Oportunidad. Chance (chæns).

Oreja

Oportunidad. Opportunity (epertú:neri).

Optimista. Optimistic (a:ptimístik).

Ordenado. Tidy (táidi).

Ordenar un lugar. Tidy (táidi).

Ordenar. Order (á:rde:r).

Orégano. Oregano (o:régene).

Oreja. Ear(ir).

Orgánico. Organic (o:rgænik).

Organizar. Arrange (eréinsh).

Orgulloso. Proud (práud).

Oro. Gold (góuld).

Oro

Oscuro. Dark (da:rk).

Oso. Bear (ber).

Ostra. Oyster (óiste:r).

Otoño. Fall (fa:l).

Otra vez. Again (egén).

Otro. Other (á:de:r).

Oveja. Sheep (shi:p).

P

Padres

Paciente. Patient (péishent).

Padre. Father (fá:de:r).

Padres. Parents (pérents).

Pagar en la caja de un supermercado. Check out (chek áut)

Pagar la cuenta al irse de un hotel. Check out (chek áut)

Paloma

Pagar las consecuencias. Pay for (péi fo:r).

Pagar las deudas. Settle up (sérl ap).

Pagar. Pay (péi).

Página de inicio. Home page (jóum péish)

Página. Page (péish).

Pago mensual. Monthly payment (mánzli péiment).

País de nacimiento. Country of birth (kántri ev birz)

País. Country (kántri).

Palabra. Word (word).

Palacio de Justicia. Court House (ko:rt jáus).

Pálido. Pale (péil).

Palma. Palm (pa:lm).

Paloma. Dove (dáv).

Paloma. Pigeon (pí:shen).

Pan

Pan blanco. White bread (wáit bred).

Pan integral. Whole wheat (jóul bred).

Pan para hamburguesa. Bun (ban).

Pan. Bread (bred).

Panadería. Bakery (béikeri).

Panadero. Baker (béiker).

Panecillo. Roll (róul).

Panqueques. Pancake (pænkeik).

Pantalones cortos. Shorts (sho:rts).

Pantalones de jean. Jeans (shinz).

Pantalones largos. Pants (pænts).

Pantorrilla. Calf (kæf).

Pantufla

Pantufla. Slipper (slipe:r).

Papel higiénico

Paracaidismo

Paraguas

Paño de limpieza. Cloth (kla:**z**).

Pañuelo de bolsillo. Handkerchief (jænke:rchi:f).

Papa. Potato (petéirou).

Papel higiénico. Toilet paper (tóilet péipe:r).

Papel. Paper (péipe:r).

Paperas. Mumps (má**m**ps).

Paquete. Pack (pæk).

Paquete. Package (pæki**sh**).

Par. Pair (pe**r**).

Para. For (fo:r).

Para. To (tu:).

Parabrisas. Windshield (wíndshi:ld).

Paracaídas. Parachute (pé**r**eshu:t)

Paracaidismo. Parachuting (pereshú:ting).

Parada de autobús. Bus stop (ba**s** sta:p)

Paragolpes. Fender (fé**n**de:r).

Paraguas. Umbrella (ambr**é**le).

Parar. Stop (sta:p).

Pararse. Stand (stæ**n**d)

Parecer. Seem (si:m).

Parecerse a un familiar. Take after (téik a:fte:r).

Parecerse. Look like (luk láik).

Pared. Wall (wa:l).

Parpadear. Blink (blink).

Parque. Park (pa:rk).

Parqueo. Parking lot (pa:rking lot).

Parte inferior. Bottom (bá:rem).

Parto

Partido político. Party (pá:ri).

Partido. Match (mæch).

Partir. Leave (li:v).

Parto. Delivery (dilí:very).

Pasaporte. Passport (pæspo:rt).

Pasar (atravesar). Pass (pæs).

Pasar (dar). Pass (pæs).

Pasar (transcurrir). Pass (pæs).

Pasar a buscar. Pick up (pik ap).

Pasar la aspiradora. Vacuum (vækyú:m).

Paseo. Ride (ráid).

Pasta dental. Toothpaste (tu:zpéist).

Pasta. Pasta (pæste).

Pastel. Pie (pái).

Patear. Kick (kik).

Patilla. Sideburn (sáidbe:rn).

Paseo

Patinaje sobre hielo. Ice skating (áis skéiting).

Patinaje. Skating (skéiring).

Patinar. Skate (skéit).

Patio trasero. Backyard (bækye:rd).

Pato. Duck (dák).

Pavo real. Peacock (pí:ka:k).

Pavo. Turkey (té:rki).

Peaje. Toll (tóul).

Peatón. Pedestrian (pedéstrien).

Peca. Freckle (frékel)

Patinar

Pecho. Chest (chest).

Pelota

Peluquero

Pera

Pedir prestado. Borrow (bárau).

Pedir. Ask for (æsk fo:r).

Pedirle a alguien que se apure. Come on (kam a:n)

Pedirle a alguien que se vaya. Go away (góu ewéi)

Peinador. Hairstylist (jerstáilist).

Peine. Comb (kóum).

Película. Movie (mu:vi).

Peligro. Danger (**dé**in**sh**e:r).

Peligroso. Dangerous (**dé**in**sh**eres).

Pelirrojo. Red-haired (**red** j**erd**).

Pelo. Hair (j**é**r).

Pelota. Ball (ba:l).

Peluquero. Hairdresser (jer**d**rése:r).

Pelvis. Pelvis (pélvis).

Pena de muerte. Death penalty (**d**ez p**é**nelti).

Pensar cuidadosamente. Think over (**z**ink óuve:r).

Pensar. Think (**z**ink).

Peor. Worse (w**e:**rs).

Pepino. Cucumber (kyú:k**a**mbe:r).

Pequeño. Little (lírel).

Pequeño. Small (sma:l).

Pera. Pear (p**é**r).

Perder los estribos. Blow up (blóu **a**p).

Perder. Lose (lu:z).

Pérdida. Loss (la:s).

Perdido. Lost (lost).

Perejil. Parsley (pá:rslei).

Pesado

Perfectamente. Perfectly (pé:rfektli).

Perfecto. Perfect (pé:rfekt).

Permanente. Permanent (pérmenent).

Permiso de trabajo. Work permit (we:rk pé:rmit).

Permiso. Permit (pé:rmit).

Pero. But (bat).

Perplejo. Bewildered (biwílde:rd).

Perplejo. Puzzled (pá:zeld).

Persianas. Blinds (bláindz).

Persona. Person (pé:rsen).

Pesado. Heavy (jévi).

Pesar. Weigh (wéi).

Pesca. Fishing (fishing).

Pesimista. Pessimistic (pesimístik).

Peso. Weight (wéit).

Pestaña. Eyelash (áilæsh).

Pez

Pez. Fish (fish).

Picar. Chop (cha:p).

Picar. Itch (ich).

Picar. Mince (míns)

Pie. Foot (fut).

Piel. Skin (skin).

Pierna. Leg (leg).

Pies. Feet (fi:t).

Pijama. Pajamas (pishæ:mez).

Piloto. Pilot (páilet).

Pimienta. Pepper (pépe:r).

Pimiento

Pimiento. Pepper (pépe:r).

Pintar

Plomero

Policía

Pintar. Paint (péint).

Pintura. Painting (péinting).

Piña. Pineapple (páinæpl).

Piscina. Swimming pool (swíming pu:l).

Piso. Floor (flo:r).

Placer. Pleasure(pléshe:r).

Planchar. Iron (áiren).

Planear. Plan on (plæn a:n).

Planificar. Plan (plæn).

Plano. Plan (plæn).

Planta del pie. Sole (sóul).

Plato preparado. Dish (dish).

Plato principal. Main dish (méin dish).

Plomero. Plumber (pláme:r).

Pobre. Poor (pur).

Poco confiable. Unreliable (anriláiebel).

Poder (para pedir permiso). May (méi).

Poder. Can (kæn).

Poder. Could (kud).

Poderoso. Powerful (páue:rfel).

Policía. Police (pelí:s).

Política. Politics (pá:letiks).

Político. Politician (pa:letíshen).

Póliza. Policy (pá:lesi).

Pollo. Chicken (chíken).

Polo. Polo (póulou).

Polución. Pollution (pelú:shen).

Polvo. Dust (dást).

Porción

Pregunta

Poner en su lugar. Put back (put bæk).

Poner. Put (put).

Ponerle el nombre de un familiar. Name after (néim á:fte:r).

Ponerse al día. Catch up on (kæch ap a:n).

Ponerse al día. Catch up with (kæch ap wid)

Ponerse cómodo. Settle (sérl).

Ponerse la ropa. Put on (put a:n).

Popular. Popular (pa:pyu:le:r).

Por. Per (per).

Por allá. Over there (óuve:r der).

Por encima. Over (óuve:r).

Por lo tanto. So (sóu).

¿Por qué? Why (wái).

Porción. Piece (pi:s).

Porque. Because (bico:s).

Poste. Pole (póul).

Postergar. Put off (put a:f).

Postre. Dessert (dizé:rt).

Postularse. Apply (eplái).

Precalentar. Preheat (pri:ji:t).

Precio. Price (práis).

Preferir. Prefer (prifé:r).

Pregunta. Question (kuéschen).

Preguntar. Ask (æsk).

Prensa. Press (prés).

Preocupado. Worried (wé:rid).

Prensa

Presentar

Primavera

Prisión

Preocuparse. Worry (wé:ri).

Prepaga. Prepaid (pripéd).

Preparar un escrito. Draw up (dra: ap).

Preparar. Prepare (pripé:r).

Prescindir. Do without (du: widáut).

Presentador. Host (jóust).

Presentar. Introduce (intredu:s).

Presidente. President (prézident).

Presionar. Press (prés).

Préstamo. Loan (lóun).

Prestar. Lend (lénd).

Presumido. Vain (véin).

Presupuesto. Budget (báshet).

Primavera. Spring (spring).

Primero. First (fe:rst).

Primo. Cousin (kázen).

Principal. Main (méin).

Prioridad. Priority (praió:reri).

Prisión. Jail (shéil).

Prisión. Prison (prí:sen).

Probador. Dressing room (drésing ru:m).

Probar comida. Taste (téist).

Probar. Try out (trái áut).

Problema. Problem (prá:blem).

Procedimiento. Procedure (presí:she:r).

Producto. Product (prá:dekt).

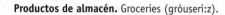

Profesor

Productos de almacén. Groceries (gróuseri:z).

Productos lácteos. Dairy products (déri prá:dakts)

Profesión. Profession (preféshen).

Profesionales. Professional (preféshenel).

Profesor. Teacher (tí:che:r).

Programa de entrevistas. Talk show (ta:k shóu).

Programador. Programmer (prougræme:r)

Promedio. Average (æverish).

Prometer. Promise (prá:mis).

Prometido. Fiancée (fi:a:nséi).

Pronóstico del tiempo. Weather forecast (wéde:r fó:rkæst).

Pronto. Soon (su:n).

Propina. Tip (tip).

Propina

Protección. Protection (pretékshen).

Proveedor. Provider (preváide:r).

Proveer. Provide (preváid).

Próximo. Next (nékst).

Prueba instrumental. Exhibit (eksí:bit).

Prueba. Evidence (évidens).

Psicología. Psychology (saiká:leshi).

Psiquiatra. Psychiatrist (saikáietrist).

Publicidad. Advertising (ædve:rtaizing).

Puerta de entrada. Front door (fra:nt do:r).

Puerta. Door (do:r).

Puerto. Harbor (já:rbe:r).

Puerto. Port (po:rt)

Puerta

Pulgada. Inch (inch).

Pulpo

Pulpo. Octopus (ektá:pes).

Pulso. Pulse (pa:ls).

Puntaje. Mark (ma:rk).

Puño. Fist (fist).

Q

¿Qué clase de? What kind of...? (wa:t káindev)

¿Qué? What (wa:t).

Quebrado (sin dinero). Broke (bróuk).

Quedar bien (una prenda). Fit (fit).

Quedar bien (una prenda). Suit (su:t).

Quedarse levantado. Stay up (stéi ap).

Quedarse sin algo. Be out of (bi: áut ev)

Quedarse. Stay (stéi).

Queso

Quemadura. Burn (bu:rn).

Quemar. Burn (be:rn).

Querer mucho algo. Die for (dái fo:r).

Querer. Want (wa:nt).

Queso azul. Blue cheese (blu: chi:z).

Queso. Cheese (chi :z).

¿Quién? Who (ju:).

Quince. Fifteen (fiftí:n).

Quinto. Fifth (fifz).

Quitar el polvo

Quitar el polvo. Dust (dást).

Quitar importancia. Play down (pléi dáun)

Quitar. Take away (téik ewéi).

Quitar. Take out (téik áut).

Quitarse la ropa. Take off (téik a:f).

R

Radiación. Radiation (reidiéishen).

Radiador. Radiator (réidieire:r).

Radio. Radio (réidiou).

Radioactividad. Radioactivity (reidioæktíveri).

Rallar. Grate (gréit).

Rana. Frog (fra:g).

Rápido. Quick (kuík).

Raramente. Rarely (ré:rli).

Rascar. Scratch (skræch).

Rana

Rasgar. Tear (ter).

Rasgar. Tear up (ter ap).

Ratón. Mouse (máus).

Realmente. Really (ríeli).

Recargar. Refill (rifíl).

Recepcionista. Front desk (fra:nt desk).

Recepcionista. Receptionist (risépshenist).

Receptor. Receiver (risépte:r).

Recepcionista

Receta médica. Prescription (preskrípshen).

Reciclar

Refresco

Registrarse

Receta. Recipe (résipi).

Rechazar. Turn down (te:rn dáun).

Recibir. Receive (risí:v).

Reciclar. Recycle (risáikel).

Recién. Just (sha:st).

Recoger. Pick up (pik ap).

Recomendación. Referral (riférel).

Recomendar. Recommend (rekeménd).

Recordar. Remember (rimémbe:r).

Recorrer. Look around (luk eráund).

Recorrido. Tour (tur).

Recostarse. Lie back (lái bæk).

Rectangular. Rectangular (rektængyu:le:r).

Recuperar la conciencia. Come around (kam eráund)

Recuperarse de una enfermedad. Get over (get óuve:r).

Red. Network (nétwe:rk).

Redondo. Round (ráund).

Reducir. Cut back (kat bæk).

Reducir. Cut down (kat dáun).

Reducir. Reduce (ridú:s).

Reembolso. Refund (rífand).

Referencia. Reference (réferens).

Refresco. Soda (sóude).

Refrigerador. Fridge (frish).

Refrigerador. Refrigerator (rifríshe:reire:r)

Refugiado. Refugee (réfyu:shi:).

Registrarse. Check in (chek in).

Reír

Religión

Repisa

Registrarse. Sign up (sáin ap).

Reglas. Regulation (regyu:léishen).

Regresar. Come back (kam bæk).

Regresar. Get back (get bæk).

Regresar. Go back (góu bæk).

Regular. Regular (régyu:ler).

Reingreso. Re-entry (riéntri).

Reír. Laugh (læf).

Relación. Relation (riléishen).

Relación. Relationship (riléishenship).

Relajado. Relaxed (rilækst).

Relajado. Relaxing (rilæksing).

Relámpago. Lightning (láitning).

Religión. Religion (rilí:shen).

Rellenar. Stuff (staf).

Relleno. Stuffed (stáft).

Remitente. Sender (sénde:r).

Remo. Rowing (róuing).

Rentar. Rent (rent).

Repetir algo grabado. Play back (pléi bæk).

Repetir. Repeat (ripí:t).

Repisa. Bookcase (búkkeis).

Repollitos de Bruselas. Brussel sprouts (brázel spráuts)

Repollo. Cabbage (kæbish).

Reportero. Reporter (ripó:re:r).

Reprobar. Fail (féil).

Reprogramar. Reschedule (riskéshu:l).

Reunirse

Revista

Río

República. Republic (ripáblik).

Requisito. Requirement (rikuáirment).

Resentido. Resentful (riséntfel).

Reserva. Reservation (reze:rvéishen).

Resfriado. Cold (kóuld).

Residente. Resident (rézident).

Residuos tóxicos. Toxic waste (tá:ksik wéist)

Resolver. Figure out (fíge:r áut).

Respirar. Breathe (bri:d).

Responsable. Responsible (rispá:nsibel).

Restaurante. Restaurant (résteren).

Resultar beneficioso. Pay off (péi a:f).

Resultar razonable. Add up (æd ap).

Resultar. Turn out (te:rn áut).

Reticente.R eluctant (riláktent).

Retirar dinero. Withdraw (widdra:).

Retirar pertenencias de un lugar. Clear out (klíe:r áut).

Reunión. Meeting (mí:ting).

Reunirse. Get together (get tegéde:r).

Revisar. Check (chek).

Revisar. Check over (chek óuve:r).

Revisar. Go through (góu zru:).

Revisión. Review (riviú:).

Revista. Magazine (mægezí:n).

Revolver. Stir (ste:r).

Río. River (ríve:r).

Risa. Laughter (læfte:r).

Romance

Robar. Make off with (méik a:f wid).

Robar. Steal (sti:l).

Robo. Burglary (bé:rgle:ri).

Robo. Robbery (rá:beri).

Robo. Theft (zeft).

Robusto. Stocky (sta:ki).

Rocío. Dew (du:).

Rodilla. Knee (ni:).

Rojo. Red (red).

Romance. Romance (róumens).

Romero. Rosemary (róuzmeri).

Rompecabezas. Jigsaw puzzle (shigsa: pázel)

Romper una relación. Break up (breik ap).

Romper. Break (bréik).

Ropa

Romperse. Break down (bréik dáun).

Ron. Rum (ram).

Roncar. Snore (sno:r).

Ropa deportiva. Sportswear (spo:rtswer).

Ropa. Clothes (klóudz).

Ropero. Closet (klóuset).

Rosa. Pink (pink).

Rosca. Bagel (béigel).

Rubia. Blonde (bla:nd).

Rubio. Blond (bla:nd).

Rubio. Fair (fer).

Rueda. Wheel (wi:l).

Rugby. Rugby (rágbi).

Ruido. Noise (nóiz).

Rubia

S

Sal

Salto

Sandía

Sábado. Saturday (sære:rdei).

Sábana. Sheet (shi:t).

Saber. Know (nóu).

Sacar dinero de un banco. Take out (téik áut)

Sal. Salt (sa:lt).

Sala de estar. Living room (líving ru:m)

Saldo. Balance (bælens).

Saldo. Rest (rest).

Salida. Exit (éksit).

Salir a correr. Jogging (**sh**a:ging).

Salir de compras. Shop around (sha:p eráund).

Salir de un automóvil. Get out of (g**e**t áut ev).

Salir de viaje. Set off (set a:f).

Salir del paso. Move out (mu:v áut).

Salir. Go out (góu áut).

Salirse con la suya. Get away with (g**e**t ewéi wid)

Salmón. Salmon (sælmen).

Saltar. Jump (**sh**amp).

Salto. Jump (**sh**amp).

Salud. Health (j**é**lz).

Salvar. Save (séiv).

Sandía. Watermelon (wá:re:r m**é**len).

Sangre. Blood (bla:d).

Satélite

Sardina. Sardine (sá:rdain).

Sastre. Tailor (téile:r).

Satélite. Satellite (sætelait).

Satisfecho. Satisfied (særisfáid).

Seco. Dry (drái).

Secretaria. Secretary (sékrete:ri).

Secuestrador. Kidnapper (kidnæpe:r).

Secuestrar. Kidnap (kidnæp).

Secuestro. Kidnapping (kidnæping).

Seguir. Follow (fá:lou).

Segundo. Second (sékend).

Segundo

Seguro. Insurance (inshó:rens).

Seguro. Safe (séif).

Seguro de sí mismo. Self-confident (self ka:nfident).

Seguro social. Social Security (sóushel sekiurity)

Seis. Six (síks).

Selectivo. Selective (siléktiv).

Sellar. Seal (si:l).

Sello. Seal (si:l).

Semáforo. Traffic light (træfik láit).

Semana. Week (wi:k).

Seno. Breast (brést).

Sensato. Sensible (sénsibel).

Sensible. Sensitive (sénsitiv).

Sentarse. Sit (sit).

Sentido. Sense (séns).

Sentarse

Sentimiento. Feeling (fi:ling).

Señalar

Señora

SIDA

Sentir. Feel (fi:l).

Señal de tránsito. Traffic sign (træfik sáin).

Señalar. Point (póint).

Señor. Mr. (míste:r).

Señor. Sir (se:r).

Señora o señorita. Ms. (mez).

Señora. Ma'am (mem).

Señora. Madam (mædem).

Señora. Mrs. (mísiz).

Señorita. Miss (mis).

Separar para un uso específico. Put aside (put esáid).

Separar. Separate (sépe:reit).

Septiembre. September (septémbe:r).

Séptimo. Seventh (sévenz).

Sequía. Drought (dráut).

Ser, estar. Be (bi:).

Serrucho. Saw (sa:).

Servicios. Service (sé:rvis).

Servir. Serve (se:rv).

Sesenta. Sixty (síksti).

Setenta. Seventy (séventi).

Sexo. Sex (séks).

Sexto. Sixth (síksz).

Sí. Yes (yes).

SIDA. Aids (éidz).

Siempre. Always (a:lweiz).

Sien. Temple (témpel).

Sierra

Sierra. Hacksaw (jæksa:).

Siete. Seven (séven).

Significado. Meaning (mi:ning).

Significar. Mean (mi:n).

Silla de ruedas. Wheelchair (wí:lcher).

Silla. Chair (che:r).

Sillón de dos cuerpos. Loveseat (lávsi:t).

Sillón. Couch (káuch).

Sin alcohol. Non-alcoholic (na:n elkejóulik)

Sin tacto. Tactless (tæktles).

Sin. Without (widáut).

Sindicato. Union (yú:nien).

Sitio. Site (sáit).

Smog. Smog (sma:g).

Sobornar. Bribe (bráib).

Silla de ruedas

Soborno. Bribe (bráib).

Sobre. Envelope (énveloup).

Sobre. On (a:n).

Sobregiro. Overdraft (óuverdraft).

Sobretodo. Overcoat (óuve:rkout).

Sobrina. Niece (ni:s).

Sobrino. Nephew (néfyu:).

Social. Social (sóushel).

Sociedad. Society (sesáieri).

Sofá. Sofa (sóufe).

Sofá

Software espía. Spyware (spáiwer).

Sol

Sol. Sun (sán).

Solamente. Only (óunli).

Soldado. Soldier (sóulshe:r).

Soleado. Sunny (sáni).

Solitario. Lonely (lóunli).

Soltero. Bachelor (bæchele:r).

Solterona. Spinster (spínste:r).

Sombrero. Hat (jæt).

Son. Are (a:r)

Sonar (una alarma). Go off (góu a:f).

Sonar. Ring (ring).

Sonar. Sound (sáund).

Sonrisa. Grin (grin).

Soñar. Dream (dri:m).

Sopa. Soup (su:p).

Soplar. Blow (blóu).

Soplar. Blow out (blóu áut).

Sorprendido. Amazed (eméizd).

Sorprendido. Surprised (se:rpráizd).

Sorpresa. Surprise (se:rpráiz).

Sospechoso. Suspect (sákspekt).

Sótano. Basement (béisment).

Su (.de ellos/as). Their (der).

Su (de animal, cosa o situación). Its (its)

Su (de él). His (jiz).

Su (de ella). Her (je:r).

Subir a un transporte público. Get on (get a:n)

Sombrero

Sorpresa

Suerte

Subterráneo. Subway (sábwei).

Subyacer. Lie behind (lái bi:jáind).

Suceder inesperadamente. Come up (kam ap).

Sucio. Dirty (déri).

Suerte. Luck (lak).

Suéter. Sweater (suére:r).

Suficiente. Enough (ináf).

Sufrir. Suffer (sáfe:r).

Sugerir. Come up with (kam ap wid).

Sugerir. Suggest (seshést).

Sumar. Add up (æd ap).

Supermercado. Supermarket (su:pe:rmá:rket)

Suplemento. Supplement (sáplement).

Suponer. Guess (ges).

Suponer. Suppose (sepóuz).

Susceptible. Touchy (táchi).

Suspenso. Thriller (zrile:r).

Suspirar. Sigh (sái).

Sustancia química. Chemical (kémikel).

Sustento. Support (sepo:rt).

Suyo/a. Theirs (derz).

Sustancia química

T

Tabla. Board (bo:rd).

Tablero de instrumentos. Dashboard (dæshbo:rd)

Tarjeta de crédito

Tazón

Teatro

Taco. Heel (ji:l).

Taladro. Drill (dri:l).

Talla. Size (sáiz).

Talón. Heel (ji:l).

También. Also (á:lsou).

También. Too (tu:).

Tamizar. Sift (sift).

Tardar. Take (téik).

Tarde. Afternoon (æfte:rnu:n).

Tarde. Late (léit).

Tareas del estudiante. Homework (jóumwe:k)

Tarifa. Rate (réit).

Tarjeta de crédito. Credit card (krédit ka:rd)

Tarjeta de débito. Debit card (débit ka:rd)

Tarjeta telefónica. Phone card (fóun ka:rd)

Tasa de interés. Interest rate (íntrest réit).

Taxi. Cab (kæb).

Taxi. Taxi (tæksi).

Taza. Cup (káp).

Tazón. Bowl (bóul).

Tazón. Mug (mag).

Té helado. Iced tea (aís ti:).

Te, a ti, a usted, a ustedes. You (yu:).

Té. Tea (ti:).

Teatro. Theater (zíe:re:r).

Techo. Ceiling (síling).

Techo. Roof (ru:f).

Telefonista

Televisor

Tenis

Técnico. Technical (téknikel).

Técnico. Technician (tekníshen).

Tejer. Knitting (níting).

Telefonista. Telephone operator (télefóun a:peréire:r).

Teléfono. Phone (fóun).

Teléfono. Telephone (télefóun).

Televisor. Television (télevishen).

Temblar. Tremble (trémbel).

Temperatura. Temperature (témpriche:r).

Temporada. Season (sí:zen).

Temporal. Gale (géil).

Temprano. Early (érli).

Tenedor. Fork (fo:rk).

Tener éxito. Catch on (kæch a:n).

Tener ganas. Feel like (fi:l láik).

Tener que. Have to(hæv te).

Tener una experiencia difícil. Go through (góu zru:)

Tener una ilusión. Dream about (dri:m ebáut).

Tener una ilusión. Dream of (dri:m ev).

Tener. Have (jæv).

Tenis de mesa. Ping Pong (ping pa:ng).

Tenis de mesa. Table tennis (téibel ténis).

Tenis. Tennis (ténis).

Teñir. Dye (dái).

Tercero. Third (zerd).

Terco. Stubborn (stábe:rn).

Tiburón

Terminar de una manera determinada. Come out (kam áut).

Terminar de una manera determinada. End up (end ap).

Terminar sesión en sitio de Internet. Log off (la:g a:f).

Terminar sesión en un sitio de Internet. Log out (la:g áut).

Terminar. Be over (bi: óuve:r).

Terraza. Terrace (téres).

Terremoto. Earthquake (érzkweik).

Terrible. Terrible (téribel).

Testigo. Witness (wítnes).

Tía. Aunt (ænt).

Tiburón. Shark (sha:rk).

Tiempo libre. Free time (frí: táim).

Tiempo. Time (táim).

Tiempo. Weather (wéde:r).

Tienda de regalos. Gift store (gift sto:r).

Tienda

Tienda. Store (sto:r).

Tierra. Earth (érz).

Tierra. Land (lænd).

Tijera. Scissors (síze:rs).

Tímido. Shy (shái).

Tinta. Ink (ink).

Tintorería. Dry cleaner's (drái klí:ne:rz).

Tío. Uncle (ánkel).

Típico. Typical (típikel).

Tirar a la basura. Throw away (zróu ewéi).

Tijera

Tire. Pull (pul).

Tiro al blanco

Tomate

Tormenta eléctrica

Tiritar. Shiver (shíve:r).

Tiro al blanco. Target shooting (tá:rget shú:ring)

Titular. Headline (jédláin).

Tobillo. Ankle (ænkel).

Tocino. Bacon (béiken).

Todavía. Still (stil).

Todavía. Yet (yet).

Todo. Everything (évrizing).

Todos los días. Every day (évri déi).

Todos. All (a:l).

Tolerante. Easy-going (i:zigóuing).

Tolerar. Put up with (put ap wid).

Tomacorriente. Socket (sá:kit).

Tomar. Take (téik).

Tomate. Tomato (teméirou).

Tomillo. Thyme (táim).

Tormenta de nieve. Blizzard (blíze:rd).

Tormenta eléctrica. Thunderstorm (zánde:rsto:rm).

Tornado. Tornado (te:rnéidou).

Tornillo. Bolt (bóult).

Toro. Bull (bu:l).

Tos. Cough (kaf).

Toser. Cough (kaf).

Tostar. Toast (tóust).

Total. Total (tóurel).

Trabajador. Hard-working (já:rdwe:rking).

Trabajar mucho

Traje de baño de mujer

Tren

Trabajar mucho. Knock out (na:k áut).

Trabajar. Work (we:rk).

Trabajo de parto. Labor (léibe:r).

Trabajo. Job(sha:b).

Trabajo. Work (we:rk).

Traductor. Translator (trensléire:r).

Traer a la memoria. Bring back (bring bæk)

Traer. Bring (bring).

Traer. Bring along (bring elá:ng).

Tragar. Swallow (swálou).

Traje de baño de mujer. Bathing suit (béiding su:t)

Traje de baño hombre. Trunks (tránks).

Traje de etiqueta. Tuxedo (taksí:dou).

Traje. Suit (su:t).

Transacción. Transaction (trensækshen).

Transferencias de dinero. Money transfer (máni trænsfe:r).

Tránsito. Traffic (træfik).

Transpirar. Sweat (swet).

Transportar. Carry (kéri).

Trasferir. Transfer (trænsfe:r).

Tratar. Try (trái).

Trece. Thirteen (ze:rtí:n).

Treinta. Thirty (zé:ri).

Tren. Train (tréin).

Tres. Three(zri:).

Triste. Sad (sæd).

Tronco. Trunk (tránk).

Tuerca

Trucha. Trout (tráut).

Truenos. Thunder (**zánd**e:r).

Tu, su, de usted, de ustedes. Your (yo:r).

Tú, usted, estedes. You (yu:).

Tubo. Tube (tu:b).

Tuerca. Nut (n**a**t).

Tumba. Tomb (tu:m).

Turismo. Tourism (túrizem).

Tuyo/a; suyo/a. Yours (yo:rz).

*U

Úlcera. Ulcer (**á**lse:r).

Último. Last (læst).

Un centavo de dólar. Penny (p**é**ni).

Un poco. A bit (e bit).

Un poco. A little (e lírel).

Un, una. A (e).

Un, una. An (en).

Una vez. Once (uáns).

Unido. United (yu:ná**iri**d).

Unirse. Join (**sh**oin).

Universal. Universal (yu:niv**é**:rsel).

Universidad. University (yu:niv**é**:rsiri).

Unirse

Unos pocos. A few (e fyu:).

Uña

Untar. Spread (spr**é**d).

Uña. Nail (néil).

Usar. Use (iu:s).

Usar ropa. Wear (wer).

Usual. Usual (yú:shuel).

Usualmente. Usually (yu:shueli).

Útero. Womb (wu:m).

Uva. Grape (gréip).

V

Vaca

Vela

Vaca. Cow (káu).

Vacación. Vacation (veikéishen).

Vacaciones. Holiday (já:li**d**ei).

Vagar sin un fin específico. Hang around (jæng eráun**d**).

Valiente. Brave (bréiv).

Vandalismo. Vandalism (vændelizem).

Vándalo. Vandal (vændel).

Vapor. Steam (sti:m).

Varicela. Chickenpox (chíkenpa:ks).

Vaso. Glass (glæs).

Veces. Times (táimz).

Veinte. Twenty (tw**é**ni).

Veinticinco centavos de dólar. Quarter (kuá:re:r).

Vela. Candle (kæn**d**el).

Ventilador de techo

Verduras

Vestido

Velocidad. Speed (spi:d).

Venda. Bandage (bændish).

Vendedor de autos. Car dealer (ka:r di:le:r).

Vendedor. Salesclerk (séilskle:k).

Vendedor. Salesperson (séilspe:rsen).

Vendedor. Seller (séle:r).

Vender hasta agotar. Sell out (sel aút).

Vender. Sell (sel).

Vendido. Sold (sóuld).

Veneno. Poison (póisen).

Venir de. Come from (kam fra:m).

Venir. Come (kam).

Ventana. Window (wíndou).

Ventilador de techo. Ceiling fan (síling fæn).

Ventoso. Windy (wíndi).

Ver. See (si:).

Verano. Summer (sáme:r).

Verdadero. True (tru:).

Verde. Green (gri:n).

Verdulero. Greengrocer (gri:ngróuse:r).

Verduras. Vegetables (véshetebels).

Veredicto. Verdict (vé:rdikt).

Verter. Pour (po:r).

Vestido. Dress (dres).

Veterinario. Veterinarian (vete:riné:rian).

Veterinario. Vet (vet).

Viajar. Travel (trævel).

Viaje

Vino tinto

Volante

Viaje. Trip (trip).

Vidrio. Glass (glæs).

Viejo. Old (óuld).

Viento. Wind (wind).

Viernes. Friday (fráidei).

Villa. Village (vílish).

Vinagre. Vinegar (vínige:r).

Vino blanco. White wine (wáit wáin).

Vino rosado. Rosé wine (rouzéi wáin).

Vino tinto. Red wine (red wáin).

Vino. Wine (wáin).

Violación (ataque sexual). Rape (réip).

Violador. Rapist (réipist).

Violador. Violator (váieléire:r).

Violar una ley. Violate (váieléit).

Virus. Virus (váires).

Visitar de improviso. Drop in (dra:p in).

Visitar por un corto período. Stop by (sta:p bái)

Visitar sin detenerse demasiado. Pass by (pæs bái)

Visitar. Visit (vízit).

Vista. Sight (sáit).

Vista. View (viú).

Viuda. Widow (wídou).

Viudo. Widower (widoue:r).

Vivir en un lugar nuevo. Move in (mu:v in).

Vivir. Live (liv).

Volante. Steering wheel (stiring wi:l).

Vuelo

Volar. Fly (flái).

Voleibol. Volleyball (vá:liba:l).

Volver a solicitar. Reapply (ri:eplái).

Vomitar (un bebé). Spit up (spit **a**p).

Vomitar. Throw up (**z**róu **a**p).

Voto. Ballot (bælet).

Voz. Voice(vóis).

Vuelo. Flight (fláit).

Vuelta de prueba. Test drive (**t**est **d**ráiv).

Y

Y. And (en**d**).

Yarda. Yard (ya:r**d**).

Yo. I (ái).

Yoga. Yoga (yóuge).

Yogur. Yoghurt (yóuge:rt).

Yoga

Z

Zanahoria. Carrot (kæret).

Zapato tenis. Sneaker (sni:ke:r).

Zapato. Shoe (shu:).

Zapatos tenis. Tennis shoes (**t**énis shu:z).

Zarzamora. Blackberry (blækberi).

Zoológico. Zoo (zu:).

Zorro. Fox (fa:ks).

Zorro

APÉNDICE

DAYS OF THE WEEK

Monday

Tuesday

Wednesday

Thursday

Friday

Saturday

Sunday

DÍAS DE LA SEMANA

Lunes

Martes

Miércoles

Jueves

Viernes

Sábado

Domingo

SEASONS OF THE YEAR

Spring

Summer

Autumn

Winter

ESTACIONES DEL AÑO

Primavera

Verano

Otoño

Invierno

MONTHS OF THE YEAR

MESES DEL AÑO

January	Enero
February	Febrero
March	Marzo
April	Abril
May	Mayo
June	Junio
July	Julio
August	Agosto
September	Septiembre
October	Octubre
November	Noviembre
December	Diciembre

NÚMEROS / NUMBERS

1	One	30	Thirty
2	Two	40	Forty
3	Three	50	Fifty
4	Four	60	Sixty
5	Five	70	Seventy
6	Six	80	Eighty
7	Seven	90	Ninety
8	Eight	100	One hundred
9	Nine		
10	Ten	200	Two hundred
11	Eleven	300	Three hundred
12	Twelve	....	....
13	Thrirteen		
14	Fourteen	1.000	One thousand
15	Fifteen		
16	Sixteen	100.000	One hundred thousand
17	Seventeen		
18	Eighteen		
19	Nineteen	1.000.000	One million
20	Twenty		
21	Twenty one		
22	Twenty two		
23	Twenty three		
....	....		
29	Twenty nine		

VERBOS IRREGULARES

INFINITIVO	PASADO	PARTICIPIO	SIGNIFICA
Be	was/were	been	*ser, estar*
Beat	beat	beaten	*batir, latir, golpear*
Become	became	become	*convertirse en, llegar a ser*
Begin	began	begun	*empezar, comenzar*
Bite	bit	bitten	*morder, picar*
Blow	blew	blown	*soplar*
Break	broke	broken	*romper*
Bring	brought	brought	*traer*
Build	built	built	*construir*
Burn	burnt	burnt	*quemar, arder*
Buy	bought	bought	*comprar*
Can	could	been able to	*poder, saber*
Catch	caught	caught	*tomar, atrapar*
Choose	chose	chosen	*elegir*
Come	came	come	*venir*
Cost	cost	cost	*costar*
Cut	cut	cut	*cortar*
Do	did	done	*hacer*
Draw	drew	drawn	*dibujar, trazar*
Dream	dreamt	dreamt	*soñar*
Drink	drank	drunk	*beber*
Drive	drove	driven	*manejar, conducir*
Feel	felt	felt	*sentir*
Fight	fought	fought	*luchar, pelear*

INFINITIVO	PASADO	PARTICIPIO	SIGNIFICA
Find	found	found	*encontrar*
Fly	flew	flown	*volar*
Forget	forgot	forgotten	*olvidar*
Get	got	got/gotten	*obtener, conseguir*
Give	gave	given	*dar*
Go	went	gone	*ir*
Grow	grew	grown	*crecer, cultivar*
Have	had	had	*tener, haber*
Hear	heard	heard	*oír*
Hide	hid	hidden	*esconder, ocultar*
Hit	hit	hit	*pegar, golpear*
Hurt	hurt	hurt	*doler, herir*
Keep	kept	kept	*guardar, conservar*
Know	knew	known	*saber, conocer*
Learn	learnt	learnt	*aprender*
Leave	left	left	*dejar, abandonar, marchar*
Lend	lent	lent	*dejar, prestar*
Let	let	let	*dejar, permitir*
Lie	lay	lain	*tumbarse*
Lose	lost	lost	*perder*
Make	made	made	*hacer, fabricar, elaborar*
Mean	meant	meant	*significar, querer decir*
Meet	met	met	*encontrarse, conocer*
Must	had to	had to	*deber, tener que*
Pay	paid	paid	*pagar*
Put	put	put	*poner*
Read	read	read	*leer*
Ring	rang	rung	*sonar, llamar*

INFINITIVO	PASADO	PARTICIPIO	SIGNIFICA
Run	ran	run	*correr*
Say	said	said	*decir*
See	saw	seen	*ver*
Sell	sold	sold	*vender*
Send	sent	sent	*enviar*
Shake	shook	shaken	*agitar*
Show	showed	shown	*mostrar*
Sing	sang	sung	*cantar*
Sit	sat	sat	*sentarse*
Sleep	slept	slept	*dormir*
Smell	smelt	smelt	*oler*
Speak	spoke	spoken	*hablar*
Spell	spelt	spelt	*deletrear*
Spend	spent	spent	*pasar (tiempo), gastar (dinero)*
Stand	stood	stood	*ponerse en pie*
Steal	stole	stolen	*robar*
Swim	swam	swum	*nadar*
Take	took	taken	*tomar, coger, llevar*
Teach	taught	taught	*enseñar*
Tell	told	told	*decir, contar*
Think	thought	thought	*pensar*
Throw	threw	thrown	*lanzar, arrojar*
Understand	understood	understood	*comprender, entender*
Wake	woke	woken	*despertar(se)*
Wear	wore	worn	*llevar puesto*
Win	won	won	*ganar*
Write	wrote	written	*escribir*

VERBOS CON PARTICULA

Break down	*averiarse*
Break into	*irrumpir, entrar a la fuerza*
Bring up	*educar*
Call somebody up	*llamar por teléfono*
Carry on	*seguir, continuar*
Carry out	*llevar a cabo*
Come across	*encontrar (casualmente)*
Come in	*entrar*
Come up	*surgir, aparecer*
Deal with	*tratar de/con*
Do without	*arreglárselas sin algo*
Fill in	*rellenar*
Find out	*descubrir*
Get on with	*llevarse con alguien*
Get onto	*subirse*
Get out of	*bajarse*
Get over	*recuperarse*
Get up	*levantarse*
Give in	*rendirse*

Give up	*dejar de*
Go out	*salir*
Look after	*cuidar*
Look at	*mirar*
Look down on	*despreciar*
Look into	*investigar*
Look for	*buscar*
Look up	buscar en un libro
Make out	*comprender*
Make up	*maquillar*
Pick something/somebody up	*recoger algo/ a alguien*
Put on	*ponerse (ropa)*
Put up	*alojar*
Run out of	*quedarse sin algo*
Shut up	*callarse*
Sit down	*sentarse*
Sort out	*clasificar, ordenar, arreglar*
Stand up	*levantarse (de un asiento)*
Switch on/off	*encender/apagar*
Take off	*despegar (un avión), quitarse (ropa)*
Tell off	*reñir, regañar*
Throw away	*tirar, arrojar*
Turn on/off	*encender/apagar*
Turn up/down	*subir/bajar (el volumen)*

PESOS Y MEDIDAS

MEDIDAS DE LONGITUD

1 inch (1 pulgada)	=	2.54 centímetros
1 foot (1 pie)	=	30.48 centímetros
1 yard (1 yarda)	=	0.914 metros
1 mile (1 milla)	=	1.609 kilómetros

CONVERSIONES

Pulgadas a centímetros, multiplicar por 2.54
Centímetros a pulgadas, multiplicar por 0.39
Pies a metros, multiplicar por 0.30
Metros a pies, multiplicar por 3.28
Yardas a metros, multiplicar por 0.91
Metros a yardas, multiplicar por 1.09
Millas a kilómetros, multiplicar por 1.61
Kilómetros a millas, multiplicar por 0.62
Acres a hectáreas, multiplicar por 0.40
Hectáreas a acres, multiplicar por 2.47

MEDIDAS DE SUPERFICIE

1 square inch (1 pulgada cuadrada) = 6.45 centímetros cuadrados
1 square foot (1 pie cuadrado) = 0.093 metros cuadrados
1 square yard (1 yarda cuadrada) = 0.836 metros cuadrados
1 square mile (1 milla cuadrada) = 2.59 kilómetros cuadrados
1 acre (1 acre) = 0.404 hectáreas

MEDIDAS DE CAPACIDAD O VOLUMEN

1 pint (1 pinta) = 0.47 litros
1 quart (1 cuarto de galón) = 0.94 litros
1 gallon (1 galón) = 3.78 litros

CONVERSIONES

Galón a litros, multiplicar por 3.78
Litros a galón, multiplicar por 0.26

MEDIDAS DE PESO

1 ounce (1 onza) = 28.35 gramos
1 pound (1 libra) = 0.453 kilogramos
1 ton (1 tonelada) = 907 kilogramos (2,000 libras)

CONVERSIONES

Onzas a gramos, multiplicar por 28.35
Gramos a onzas, multiplicar por 0.035
Libras a kilos, multiplicar por 0.45
Kilos a libras, multiplicar por 2.21
Toneladas a kilos, multiplicar por 907

RESPUESTAS DE LOS TEST DE VOCABULARIO

Grupo 1 al 100

1) c	2) d	3) b	4) b	5) c	6) b	7) d	8) b	9) c	10) c

Grupo 101 al 200

1) b	2) a	3) b	4) a	5) a	6) a	7) a	8) d	9) d	10) a

Grupo 201 al 300

1) d	2) c	3) d	4) b	5) b	6) b	7) c	8) d	9) d	10) b

Grupo 301 al 400

1) b	2) b	3) a	4) b	5) c	6) a	7) c	8) a	9) d	10) a

Grupo 401 al 500

1) a	2) c	3) a	4) c	5) b	6) c	7) b	8) c	9) a	10) d

Grupo 501 al 600

1) b	2) a	3) c	4) b	5) b	6) b	7) d	8) a	9) b	10) b

Grupo 601 al 700

1) c	2) d	3) a	4) a	5) b	6) b	7) a	8) c	9) c	10) c

Grupo 701 al 800

1) b	2) a	3) b	4) b	5) b	6) c	7) c	8) a	9) a	10) b

Grupo 801 al 900

1) a	2) b	3) d	4) c	5) a	6) d	7) a	8) d	9) c	10) c

Grupo 901 al 1000

1) d	2) c	3) b	4) a	5) c	6) a	7) a	8) c	9) a	10) d

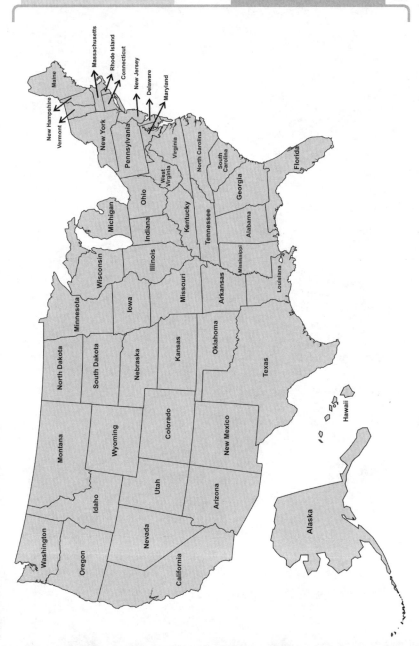